当代财政税收研究

栾双妮 著

中国商务出版社
CHINA COMMERCE AND TRADE PRESS

图书在版编目（CIP）数据

当代财政税收研究 / 栾双妮著. — 北京 ：中国商

务出版社，2022.8

　　ISBN 978-7-5103-4392-6

　　Ⅰ．①当… Ⅱ．①栾… Ⅲ．①财政管理－研究－中国

②税收管理－研究－中国 Ⅳ．①F812

中国版本图书馆CIP数据核字 (2022) 第154096号

当代财政税收研究

DANGDAI CAIZHENG SHUISHOU YANJIU

栾双妮　　著

出　　　　版：中国商务出版社

地　　　　址：北京市东城区安外东后巷28号　　邮　编：100710

责任部门：发展事业部（010-64218072）

责任编辑：刘玉洁

直销客服：010-64515210

总 发 行：中国商务出版社发行部 （010-64208388　64515150 ）

网购零售：中国商务出版社淘宝店 （010-64286917）

网　　　　址：http://www.cctpress.com

网　　　　店：https://shop162373850.taobao.com

邮　　　　箱：295402859@qq.com

排　　　　版：北京宏进时代出版策划有限公司

印　　　　刷：廊坊市广阳区九洲印刷厂

开　　　　本：787毫米×1092 毫米 1/16

印　　　　张：12.25　　　　　　　　　　　　　字　数：250千字

版　　　　次：2023年2月第1版　　　　　　　　印　次：2023年2月第1次印刷

书　　　　号：ISBN 978-7-5103-4392-6

定　　　　价：63.00元

前　言

随着我国经济持续快速发展和经济体制改革的不断深化，国家适时出台了一系列有关财政税收的政策和制度，财税理论与实践也在发生着重大变革。财政是国家治理的基础和重要支柱，财税体制在治国安邦中始终发挥着基础性、制度性、保障性作用。深化财税体制改革的目标是建立统一完整、法治规范、公开透明、运行高效，有利于优化资源配置、维护市场统一、促进社会公平、实现国家长治久安的可持续的现代财政制度。为适应财政体制改革的需要，根据财政理论研究和财政体制的新发展、新变化，作者特撰写了本书。

本书主要对财政的收入与支出、财政预算、国债与国有资产收益、所得税、消费税与营业税等内容进行了分析与研究，内容充分体现了科学性、发展性、实用性、针对性等显著特点。在撰写过程中，作者注重理论和实践相结合，坚持内容的连贯性和知识结构的完整性，突出专业知识的应用性，力求理论研究与应用分析融为一体，展现了现代财政税收理论研究的新观点、新成果和财政体制改革的新进展，希望本书能够为相关研究提供一定的参考和借鉴。

由于编者水平有限，疏漏之处在所难免，真诚地希望得到广大读者的批评与指正。

目 录

第一章 财政的概论

第一节 财政的产生与发展

一、财政的基本概念与基本特征

（一）财政的基本概念

财政是一种政府的经济活动，也是一种特殊的分配。财政分配的主体是国家，参与分配的依据是社会的政治权力，分配的对象是社会剩余产品，分配的目的是提供公共产品满足社会公共需要，并使政府经济领域的经济活动与市场经济领域的经济活动相协调，保持整个社会再生产过程的协调运行。基于这样的认识，可以说，财政是以国家为主体，凭借政治权力，为满足社会公共需要而参与社会产品分配所形成的政府经济活动，并通过政府经济活动使社会再生产过程相对均衡与协调，实现社会资源优化配置、收入公平分配以及国民经济稳定与发展的目标。在这一基本概念中，"以国家为主体"说明的是财政分配的主体，"凭借政治权力"说明的是财政分配的依据，"为满足社会公共需要"说明的是财政分配的最终目的，而"实现社会资源优化配置、收入公平分配以及国民经济稳定与发展"则说明的是财政的职能。

（二）财政的基本特征

财政的基本特征表现在以下几个方面。

1.财政是国家的经济活动

财政学研究首先是将财政作为经济范畴加以研究的。通过财政的产生与发展，我们可以看出，社会生产活动所创造的社会产品必然分解为两个部分。一部分社会产品按生产要素分配的形式分配给生产要素的提供者，通过生产要素提供者的交换与消费活动形成社会再生产过程。这种经济活动是市场经济领域的经济活动，其主体是生产要素的拥有者与投入者，其目的是提供私人产品以满足整个社会的私人的个别需求。另一部分社会产品则以政治权力参与分配的形式分配给国家，通过政府的交换与消费活动参与整个社会的再生产过程。这种经济活动是政府经济领域的经济活动，其主体是国家，其目的是提供公共产品以满足整个社会的公共需要。这种以国家为主体的政府经济活动就是财政。

很明显，市场经济领域的经济活动和政府经济领域的经济活动是两种完全不同的经济活动。它们的主体不同，目的不同，运行规则也不相同。从主体来看，市场经济活动的主体是生产要素的拥有者和投入者，即现实经济生活中的企业和居民，而政府经济活动的主体则是政府。因此，作为一个完整的社会再生产活动，政府、企业和居民共同构成了社会经济活动的主体。从目的来看，市场经济活动的目的是提供私人产品以满足社会的私人的个别需求，而政府经济活动的目的则是提供公共产品以满足社会的公共需求。作为一个完整的社会再生产活动，只有当私人个别需求和社会公共需求同时得到满足时，社会再生产才能够顺利进行。从运行规则看，市场经济活动具有竞争性和排他性的特征，而政府经济活动则具有非竞争性和非排他性的特征，两者从而形成了不同的规则。

2. 阶级性与公共性

财政是政府的经济活动，这种经济活动的主体是国家，其目的是提供公共产品以满足社会的公共需要。正因为如此，财政必然具有阶级性和公共性的双重特征。

从阶级性来看，财政是政府的经济活动，其主体是国家。财政作为政府的经济活动，政府必然要通过财政分配活动使其利益最终得以实现。从这个意义上说，任何国家的财政都具有阶级性，这是不可避免的。

从公共性来看，政府经济活动的阶级性并不能排斥其公共性。财政分配是公共性与阶级性的有机结合。国家政权的存在本身就是以执行某种社会职能为基础的，这种社会职能本身就具有公共性。例如，国家的存在需要国防，需要军队保卫国家的安全，这种国家的安全和家族的安全、村落的安全完全不同。人们将为保卫家族或村落的安全所雇用的人称为保安，而将维护国家安全的人称为军队。国防保卫着每一名社会成员和整个国家的安全，本身就具有公共性。又如，国家的生存与发展需要良好的社会秩序，从而使社会成员都能够在这种良好秩序中生存。这就必然需要一种凌驾于社会各种权力之上的公共权力，通过公共权力约束其他权力拥有者的社会行为，使其在社会秩序范围内行事。这种社会秩序是政府经济活动提供的，也具有明显的公共性。

3. 强制性与无偿性

强制性是财政的重要特征，这源于财政参与分配的依据是国家的政治权力。前文已指出，社会产品的提供必然通过市场经济领域和政府经济领域共同完成。市场经济领域的分配是社会产品的一般分配，分配的依据是生产要素的投入。生产要素的拥有者将自身拥有的生产要素投入生产过程中，进而凭借这种投入参与社会产品的分配。很明显，生产要素的拥有者对其所拥有的生产要素具有所有权，而所有权是市场经济领域中的重要权能。政府经济领域的分配是一种再分配，分配的依据是政治权力而非生产要素的投入。政治权力是一种强制性的权力，它必然凌驾于所有权之上。如果没有政治权力的强制性，任何物的所有者都不会将自己拥有的社会产品交由政府支配。

无偿性是财政的又一个重要特征，它与强制性是相辅相成的。国家凭借政治权力征税以后，相应的社会产品所有权即转为国家所有，国家不必为此付出任何代价，也不必偿还。这便是财政的无偿性，也是价值的单方面的转移和索取。事实上，正是由于财政具有无偿性特征，才需要强制性，强制性是无偿性的保证，没有强制性也就没有无偿性的存在。由于社会产品的所有者在将自身拥有的社会产品的一部分以税费形式交付给政府以后，其所有权即转为政府所有，政府并不需要偿还。因此，必须要有一种政治上的强制力，否则不会有人愿意将自己所有的社会产品转交给政府。应该说，财政无偿性的存在还源于公共产品本身提供的无偿性。由于公共产品具有不可分割的特点，人们可以享受公共产品的利益并不为其支付费用，因而公共产品提供的代价不可能通过有偿收费的方式弥补，这就要求提供公共产品要有稳定、无偿的收入来源。社会成员缴纳费收时是无偿的，国家并没有偿还的义务，当社会成员纳税后享受公共产品的利益时，也不需要为此付出代价。

4. 平衡性

平衡性是财政的一个十分重要的特征。财政的平衡就是要在社会经济运行中合理安排财政收入与财政支出在量上的对比关系，使财政收入与财政支出之间保持相对均衡。为满足财政支出的需要，财政收入应在一定的经济发展水平和一定的税收制度下达到应收尽收和收入的最大化。而财政支出则应考虑在现时条件下财政收入的制约，不能脱离供给的可能为社会提供公共产品。这里，不仅要考虑政府经济领域的财政收入与财政支出的平衡性，还要与市场经济领域的运行相结合来考虑市场经济领域和政府经济领域在整体上的平衡性。在一定时期内受多种因素的制约，社会产品总会有一个数量的限制，即一定量的社会产品如果政府经济领域的配置过多，则市场经济领域的配置就会减少。既然政府经济领域与市场经济领域共同构成了完整社会的经济活动，就必须使两者相对均衡，并通过政府经济领域中经济活动的安排使整个社会再生产保持相对均衡。

二、计划经济与国家财政

在我国，计划经济体制主要存在于新中国成立初期至改革开放的初期。在计划经济体制下，国家作为国有生产资料的所有者，直接控制着社会再生产过程。无论是政府经济领域的经济活动，还是市场经济领域的经济活动，都处于国家指令性计划的控制下。国家不仅作用于政府经济领域，而且完全作用于市场经济领域；国家不仅提供公共产品，而且提供私人产品。两个领域被统一在国家计划当中，事实上并不存在真正意义上的市场经济领域。财政则成为国家通过指令性计划为社会配置资源的重要工具，体现为生产任务由国家计划下达，企业按国家指令性计划生产，所需生产资料由财政通过基本建设拨款无偿提供，生产所需流动资金由财政通过流动资金拨款全额拨付，生产的产品由国家包销，盈亏则由国家统负，所有利润上缴财政，出现的亏损由财政弥补。企业只是国家的附属生产单位而不是独立的商品生产者实体。在长期的计划经济体制中，实际上是一种国家通过指令性计划控制整个社会经济活动和再生产全过程的活动。这种财政实际上是一种计划财政，其最大特点就是不仅负责为政府经济活动配置社会资源，而且为市场经济活动配置资源；不仅负责公共产品的提供以满足社会公共需要，而且负责私人产品的提供以满足社会私人的个别需要。

在市场经济中，"财政"或"公共财政"可被称为"政府经济"。也就是说，政府所提供的只应是公共产品。这里所称的政府，既包括中央政府即国家（只有中央政府才能代表国家），也包括地方政府。于是，就有了中央财政或国家财政以及地方财政的称谓。相应地，国家财政又被称为国家经济。如果从整体经济出发，其运行总公式就可写成：宏观经济（整体经济）=政府经济＋市场经济。然而，中国在计划经济时期，财政亦称国家财政，它不但是中央财政和地方财政的总称，而且是计划经济体制下的财政思想"国家分配论"的体现，这里既包括"公共财政"，也包括"私人财政"，其主要手段是计划，其结果是"政企不分"，市场机制没能得以发挥作用，财政资金使用效率不高。

由此可见，市场经济体制下的"公共财政"与计划经济体制下的"国家财政"，无论是在财政思想上，还是在财政预算的范围、方法和手段上，都是有着本质区别的。

第二节　财政的基本特征

公共财政是建立在现代市场经济条件下，从市场失灵角度出发，来界定公共部门即政府的经济活动范围和职能的。公共财政学的分析基点和根本思路是政府如何矫正市场失灵的分析。本节从市场失灵角度出发论述公共财政存在的必要性，即政府干预经济的必要性。

一、弥补市场失灵的财政

市场经济在其内在规律的制约下，在社会资源配置中表现出了高效率的一面。但是事实已经证明，市场经济在高效配置社会资源的同时也存在着缺陷，因此，将社会资源的配置完全交给市场是不行的。市场资源配置的缺陷主要源于条件的缺陷。市场机制与资源配置的帕累托最优之间确实存在着对应关系。但在现实中，帕累托最优的实现条件经常得不到满足，而当这些条件得不到满足时，市场高效配置社会资源就可能出现问题，比如市场配置资源的低效率或无效率，这样就会出现市场失灵。因此，可以说市场失灵是当市场机制不能有效发挥配置作用时所出现的低效率或无效率。

市场失灵主要表现在以下几个方面。

（一）外部效应

外部效应也被称为外溢性，是指社会生活中某一经济主体（个人或厂商）的经济活动给其他经济主体（个人或厂商）的福利所带来的影响，并且这种影响并没有在市场交易过程中反映出来。外部效应有外部正效应和外部负效应之分。外部效应可以从两个方面进行考察，其一是外部效应的大小和强弱。如果某一经济主体的活动对其他经济主体带来的影响很大，则称为外部效应较大或较强；如果这种影响很小，则称为外部效应较小或较弱；如果这种影响小到了可以略而不计的程度，也可以说没有外部效应。事实上，绝对没有外部效应的情况是不存在的。其二是外部效应的正负。如果某一经济主体的经济活动给其他经济主体带来的影响是好的，使其他经济主体获得了收益，则称为正的外部效应或外部经济；反之，如果某一经济主体的经济活动给其他经济主体带来的影响是不好的，使其受到了损失，则称为负的外部效应或外部经济。例如，一条河流经若干县市，经常发生洪涝灾害，其中某一县市斥巨资对该河流进行整治，修建了一座水库，水大时存入水库，水小时用以灌溉，可以做到旱涝保收。从经济学的角度看，出资修水库的县市承担了该项活动的全部成本，但并没有得到全部的收益，此项活动带来的收益是分散和外溢的。这条河流经的所有县市都从中得到了好处，但其并没有为这种收益付出代价，这是一种正的外部效应。

（二）公共产品

公共产品是这样一些物品，每一个人对这种产品的消费，并不影响任何其他人也消费该产品。公共产品与私人产品的最大区别在于公共产品具有明显的非排他性和非竞争性。私人产品之所以可以由市场经济领域提供，就是由于在竞争性与排他性的作用下具有所有权的确定性和经济利益的可分性，私人产品可以被分割到每一位消费者身上。而公共产品由于具有非排他性，一个人对某公共产品的消费并不能减少其他人同时对该公共产品的消费，因而公共产品在效用上不可分割，消费者对公共产品只能被动地接受而不是主动地寻求。如国防，只要这项公共产品被政府提供，在其覆盖范围内，每一位社会成员不论是否愿意都必须接受国防的保护。即使有些公共产品在技术上可以做到具体分割，即做到排他，可以阻止不付费的人进行消费，但在经济上这种分割阻止的代价极为高昂，即所谓的在经济上不可行。同时，公共产品也具有非竞争性，在一定范围内增加一名消费者其边际成本为零，也就是新增消费者并不减少原有消费者对该项公共产品的消费水平，使消费者不必通过竞争就可以获得该项公共产品的消费权利。

正是由于公共产品的非竞争性与非排他性，使得其市场定价遇到了很大的困难。市场经济本身在等价交换规律的约束下，从根本上排斥不按既定价格支付费用的消费者，而公共产品恰恰可以不支付费用而享受该产品的利益。每一个消费者都认为可以不支付费用而共同享受公共产品带来的利益，因而不会有任何市场主体具有主动提供公共产品的内在动力。同时，市场经济本身也很难排斥社会成员享用公共产品。公共产品具有的非竞争性和非排他性的特点使得市场如果为公共产品配置资源，其效率是极其低下的，这在客观上为政府介入市场经济活动提供了基础。在一般情况下，市场更适合私人产品的提供，而政府则应主要倾向公共产品的提供。

作为市场失灵的两种表现，外部效应和公共产品之间具有一定的联系和共性。当某种产品存在极大的外部效应时，事实上也就转化成为共同性的消费。而公共产品正是这种共同性消费的集大成者。因此，凡公共产品都是外部效应较大的产品。当然，公共产品的提供是政府的一种有意识的主动的行为，而外部效应则是一种非主动的行为。从这一点上看，外部效应与公共产品还是有区别的。

（三）垄断

垄断即限制竞争，是指行为人排斥或者限制市场竞争的行为。垄断是市场失灵的一个十分重要的表现。竞争是市场经济的典型特征，在完全竞争的情况下，每一个市场都有为数众多的参与者即买方和卖方，而每一个买方和卖方都不可能具有控制市场和价格的能力。价格是在竞争的作用下通过市场供求关系最终形成的。众多的买方和卖方都是价格的接受者，而不可能成为价格的决定者。同时，在边际成本递增的作用下，形成了产品价格按边际成本定价的规则，在这种情况下市场具有较高的效率。

垄断的存在会破坏市场的竞争，这种垄断事实上包括自然垄断和政府垄断。从自然垄断来看，在某些劳动生产率较高的企业中出现了产品平均成本随产量的增加而递减的现象，这表明该企业的产出达到了一个较高的水平，也表明一定范围内该产品由一个大企业集中生产经营会比由若干小企业分散生产经营更有效率，但是边际成本递减后把较小的企业从竞争中排斥出去，以致形成了自然垄断。在自然垄断的情况下，某种产品的生产厂商很少甚至只有1个，它不再是价格的接受者，而成为价格的制定者。在这种情况下，自然垄断企业完全可以出于利润最大化的动机，通过控制产量不断提高垄断价格，以期获取最大的垄断利润。这时，市场配置资源的效率会不断下降，并最终造成社会福利的损失，这种自然垄断的局面在社会资本有机构成较高的领域中更容易出现。

从政府垄断来看，某些政府直接控制的部门如铁路、航空、城市供水供电、邮政、通信等，其产品和服务的价格是由政府制定的，并不具有市场定价的机制。这些部门的资本有机构成一般较高，一旦通过投资形成生产能力，在一定范围内增加单位产品和服务的提供就不需要增加过多的追加成本。另外，这些产品和服务具有很强的地域性，很难在全社会实现真正的流动，因而市场定价机制难以真正地发挥作用。无论这些政府垄断部门价格定得是高是低，都难以体现市场的效率。

（四）信息不充分

信息不充分包括信息不完全和信息不对称两个方面。信息不完全是指市场交易的双方不能掌握与交易相关的全部信息。信息不对称是指市场交易的双方所掌握的与交易相关的信息是不同的。信息不对称既包括交易双方掌握信息量的不同（不对称），也包括交易双方获取信息渠道的不同（不对称）。当交易双方中的一方由于各种因素的影响掌握的信息量多于另一方掌握的信息量时，就会出现信息的不对称。此时的市场将不是一个完全公开与公正的市场。在这种情况下，市场主体无法通过信息的获取了解市场的基本状况和其他市场主体的状况。具体而言，厂商无法准确了解市场需要什么样的商品以及需要多少，消费者既难以对市场所提供的商品做出准确的评估，也难以决定自身所能接受的商品及服务的价格与数量。在信息不对称的情况下，交易一方，也就是信息占有量较大的一方，就有可能运用各种途径利用自身的信息优势，通过损害交易另一方的利益来获取自身的更大利益，造成整个市场对社会资源配置效率的降低。

二、提供公共产品和服务的财政

人们在社会中生存，不可避免地要接触很多经济现象和经济活动。这些经济现象或经济活动大体上可以归集到相对独立的两个领域当中。首先，人们在社会中生存与发展需要物质产品和各种服务的支持。粮食、衣物、住宅、家电等各种物质产品，能够满足人们生存与发展的需要，这些物质产品和服务是通过市场经济领域生产与提供的。市场经济领域也被称为私经济领域或竞争性领域，是人们所能接触到的广泛存在的经济活动领域。在市场经济条件下，市场经济领域的活动受价值规律、供求关系等多种经济规律的影响和制约。在这些经济规律的影响与制约下，市场经济领域可以高效率地配置社会资源，为社会成员的生存与发展提供物质产品和各种服务的支持。市场经济领域是满足人们生存与发展不可或缺的经济活动领域。我们必须看到，仅有市场经济领域的存在，并不能满足人们生存与发展的全部需要。无论是社会成员个体的生存与发展，还是整个社会的生存与发展，除得到市场领域的支持外，还必须得到另一个领域的支持，这个领域就是政府经济领域（也称为公经济领域或非竞争性领域），政府的经济活动同样可以为社会提供某些社会物质产品和服务。政府领域是满足人们生存与发展的另一个不可或缺的社会经济活动领域。政府领域提供的产品和服务，最典型的是国防、行政管理、司法、公安以及社会保障等公共产品和服务。

在现实经济生活中，真正纯粹的公共产品并不多见，许多政府提供的产品事实上都属于混合产品。从辨别私人产品与公共产品的标准来看，混合产品可以分为两大类。一类混合产品是具有非竞争性但具有排他性的产品。这种产品不具有竞争性，在一定范围内每增加一个消费者，其边际成本并不增加，但是该种产品在技术上和经济上可以做到排他性，如社会公共设施、医疗卫生、教育、科研等。对这类混合产品，可以通过收费使其具有排他性，并且可以将不愿付款的人排除在收益之外。另一类混合产品是具有竞争性但不具有排他性的产品。这种混合产品在技术上无法做到排他性，或者虽然在技术上可以做到排他，但这种排他的成本过高而在经济上是不可行的。这类混合产品最典型的有公共草原、公共海域等公共资源。由于无法做到排他性，谁都可以享受该项混合产品带来的好处，因此，此类混合产品必须解决"搭便车"的问题，否则可能导致最终谁都无法享受到该项混合产品的收益。例如，一片公共草场作为混合产品无法做到排他性，谁都可以在草场上放牧，但如果大家都觉得这是无偿的收益，都到这片草场上放牧，无限度放牧的结果，则可能因羊群过多而导致草场被破坏和沙漠化，最终谁也无法享受该项混合产品的收益。

混合产品具有私人产品和公共产品的双重特征，因此，它既有可能由政府提供，也有可能由市场提供。混合产品到底应当由市场提供还是应当由政府提供，应根据不同的情况具体分析。

对于一般的混合产品，诸如城市基础设施、医疗卫生、教育等，应当考虑政府提供和市场提供两种方式各自的净收益。例如，城市道路如果由政府提供，所用资金为税收，社会成员可以免费通行，这就是一种公共产品；如果由市场提供，所用资金为私人投资，社会成员必须付费才能通行，这就是一种私人产品。两种方式都可以提供道路，因此，应当对两种方式各自的成本费用与收益进行分析，最终确定净收益。如果政府提供的净收益大于私人提供的净收益，就应当由政府提供；如果市场提供的净收益大于政府提供的净收益，则应当由市场提供。当然，进行比较时还应注意混合产品外部效应的大小。如果通过市场提供混合产品，则必须注意在一般情况下市场仅仅考虑私人成本与收益，而不考虑这种产品可能为社会带来的外部效应。如果市场提供的混合产品具有正的外部效应，则可能出现供应不足的状况，如果市场提供的混合产品具有负的外部效应，则可能出现供应过多的状况；政府应当通过收费或补贴的方式加以调整。

应当指出，混合产品虽然具有私人产品和公共产品的双重特征，但在一般情况下这种双重特征的表现也存在着差异。有些混合产品可能私人产品的特征明显一些，而有些混合产品则可能公共产品的特征明显一些；有些混合产品具有较强的外部效应，有些混合产品外部效应则较弱。在决定混合产品的提供方式时应当有针对性地考虑。例如，教育是一种混合产品，但教育可以分为义务教育和非义务教育，非义务教育又可以包括高等教育和职业教育，不同的教育具有明显的不同的特点。义务教育的公共性表现得更强，外部效应也更大，更具有公共产品的特点；而非义务教育如高等教育和职业教育的私人产品特点更为突出，教育成本与教育收益之间的联系更为直接，外部效应相对较小。

由上述分析可知，政府经济领域和市场经济领域同时为社会提供物质产品和服务，而物质产品和服务的提供必然消耗社会资源，因而有限的社会资源必须同时分别配置在两个领域当中。两个领域在利用自身不同的规则对社会资源进行利用后，分别提供不同的物质产品和服务，以满足社会成员不同的需要。正因为如此，必须分析两个领域对资源利用的不同特点，研究两个领域提供物质产品和服务的不同的内在规律，揭示两个领域之间的相互关系，进而说明哪些物质产品和服务应当由市场经济活动提供，哪些物质产品和服务应当由政府经济活动提供。应当说，市场与政府的关系以及市场经济领域和政府经济领域各自提供物质产品和服务的不同内在规律和不同特点，是研究财政学的主要理论基础。财政学的研究对象其实就是政府经济活动的内在规律以及政府经济活动与市场经济活动的关系。

近些年来，国家财政越来越强调"公共财政"的特征。应当指出，"财政"这个词本身已经具有公共性的特征，这里的公共财政是作为一种财政运行模式提出来的，可以看作是与市场经济体制相适应的财政运行模式。市场经济体制下的财政主要是为社会提供公共产品满足社会公共需要的财政，是纠正和解决市场失灵的财政。构建公共财政，需要理顺政府与市场的关系，解决越位与缺位并存的问题，同时，建立符合公共财政要求的财政支出体系，以公共财政的职责为基础，以"公平优先，兼顾效率"为原则，以满足社会公共需要为目标。

在发展公共财政的同时，国家还强调"民生财政"在保障人民权益、改善人民生活方面的运用和转变。民生财政，就是以提供人民生活所必需的公共产品和公共服务为己任的财政。民生财政表现为在整个财政支出中，用于教育、医疗卫生、社保和就业、环保、公共安全等民生方面的支出占到相当高的比例，甚至处于主导地位。随着经济和社会的发展，民生问题的重点也在动态地发展。改革开放初期的民生问题主要是解决城乡居民的温饱，而现在民生问题已经涵盖了收入分配、社会保障、就业、教育、医疗、住房等更高要求的内容，体现在财政加大对社会保障建设的补助、加大个人所得税的征缴力度以调节收入分配、加大对基础教育的投入以保障经济欠发达地区居民的受教育权等方面。

三、非营利性的财政

在社会经济活动中，除具有排他性与竞争性的私人产品外，还有许多产品和服务不具有竞争性与排他性，这种产品称为公共产品。政府在提供公共产品上具有非营利性的特征，而这一特征也主要源于公共物品的非排他性和非竞争性特征。非排他性是指消费者在消费该种产品或服务时，并不能排斥其他消费者同时消费该种产品或服务。如国防，政府提供国防旨在保卫全体人民的安全，国防这种产品的提供也需要消耗社会资源，但该产品提供出来之后保卫的是全体人民的安全，一个人享受到国防的保护并不排斥其他社会成员同时享受到国防的保护，这种公共产品不具有私人产品的排他性而具有公益性。由于没有排他性，因此在一定范围内，每增加一名消费者并不增加该产品的提供成本，即其边际成本可以为零。如前所述，这种公益性的公共产品也不具有竞争性。在经济生活中具有非竞争与非排他性的公共产品与服务很多，除国防外，还包括行政管理、社会治安、城市公共设施、道路照明等。

财政所提供的上述公共产品，其目的并不是营利，而是出于经济稳定、社会安定等方面的考虑，并着眼于社会经济的长远发展。显而易见，公共财政具有非营利性的特征。

四、法治化的财政

市场经济是一个法治经济，对政府来说，其活动和行为也应当置于法律的根本约束规范之下。财政作为政府直接进行的活动，在市场经济条件下无疑必须受到法律的约束和规范，从而具有明显的法治性特征。

财政的法治化意味着社会公众通过国家权力机构和相应的法律程序，决定、约束、规范和监督政府的财政行为，从而使得财政体现出是社会公众的财政，也是建立在法律规范化基础上的财政。例如，税是依据税法征收的，没有国家权力机关的批准和授权，相关税法和税收条例是无法确立的；又如，政府预算也要通过国家权力机关审议和批准，否则哪怕一分一毫的资金，政府也是无权随意使用的。

公共财政作为一个满足公共需要，从而更好地服务于市场经济的财政类型，必然要求民主基础和法治保障。只有通过民主代议制的形式，才能保证公共需要得以真正地体现和满足；只有通过法治的形式，将财政立法权保留在人民所选代表组成的立法机构中，才能保证政府财政的活动范围不超过"市场失灵"和"市场需要"的限度，才能监督政府依法行政，体现财政的"公共性"。

由此可见，只有法治化的财政才能发挥财政的真正作用，也只有以法治作为保障才能发挥财政的作用。

第三节 财政的基本职能

一、财政职能的内涵

职能应该是指某一范畴内在固有的功能，这种功能是该范畴内在的和固有的。也就是说，如果抽调了这种功能，该范畴就会转化为另一个范畴，只要是该范畴就必然存在这种内在固有的功能。职能与作用是两个不同的概念。作用可以看作该范畴的职能发挥出来后在客观上取得的效果，这种效果可以表现为很多具体的方面，而范畴的职能则相对抽象，并有其客观性。财政的职能应当看作财政这一范畴内在固有的功能，只要是财政，这种功能就会存在，如果抽掉了这种功能，财政就不成其为财政了。财政的职能也不同于财政的作用，财政的作用可以是财政职能发挥出来后在现实经济生活中取得的效果。

财政的职能表现为财政范畴内在固有的功能，但这种内在固有的功能在不同的财政模式中会有不同的表现。也就是说，计划财政有计划财政的职能，公共财政有公共财政的职能。公共财政的职能与计划财政的职能是不同的，这是因为计划经济与市场经济的运行模式不同，经济运行机制不同，财政活动的领域也不相同。不区分计划财政与公共财政的差异，将计划经济下财政的职能简单套用在市场经济的公共财政中是不可取的。因此，研究公共财政的职能必须以市场经济体制中政府与市场的关系为基础，说明在市场经济体制所决定的政府与市场的关系下财政内在固有的功能。

应当指出，财政的职能是相对抽象的，这种内在固有的功能本身并不存在好与坏和正与负的问题，而这种内在固有的功能在现实经济生活中发挥出来后取得的具体效果即财政的作用，却有好与坏之分。这就是说，财政的职能发挥出来后取得的效果可能是好的，也可能是坏。如果把财政内在固有的功能看作内因，那么这种内因的发挥需要必要的外部条件。财政作为政府的经济活动，其分配必然受到政府主观决策的影响和制约。如果政府的主观决策符合客观要求，决策过程民主科学，则职能发挥的效果可以是正的;反之，如果政府的主观决策不符合客观要求，决策过程不够民主科学，则职能发挥取得的效果有可能是负的。无论是取得正的效果还是取得负的效果，都不会影响财政职能的分析。

二、资源配置职能

（一）资源配置的含义和必然性

所谓资源配置，是指有限的社会资源在不同经济领域、不同地区、不同产业、不同部门以及不同行业间的分配比例。资源是短缺和有限的，因此，只有通过有限资源在不同经济领域、不同地区、不同产业、不同部门以及不同行业分配比例的变化，才能达到社会资源的最佳配置，取得最大的资源配置效率。

资源配置问题是一个十分复杂的问题，无论是计划经济体制还是市场经济体制都存在资源配置问题，只不过在两种不同的经济体制中资源配置的方式有所不同。

在市场经济体制中，由于政府经济活动和市场经济活动都要消耗社会资源，社会资源必须被同时配置在政府经济领域和市场经济领域两个领域当中，因此，不仅市场具有资源配置的职能，而且财政同样具有资源配置的职能。从整体上看，财政的资源配置与市场的资源配置是相辅相成的，两者资源配置的机制完全不同。市场必须为社会提供私人产品以满足整个社会的私人个别需求。在私人产品提供和私人个别需求满足的过程中，必然要消耗社会资源，因此，一部分社会资源必须通过市场机制在竞争性领域中配置，而市场在资源配置中通过竞争性与排他性的机制可以得到较高的效率。这也是经济学家提出的帕累托效率或称帕累托最优理论的应有之义。但是，帕累托最优在竞争性领域中的实现需要一定的条件，一是要求采用当时最优的生产技术，二是要求不同产品的消费上的边际替代率必须相等，三是要求消费上的边际替代率与生产上的边际转化率必须相等。从理论上说，在完全竞争的市场经济中，通过竞争机制的作用和利润最大化目标的追求，市场经济有可能实现帕累托最优。但在现实中，不仅完全竞争的市场经济并不存在，而且存在着垄断、信息不充分、外部效应等导致出现市场失灵的因素，因此，完全靠市场达到帕累托最优是不可能的，也就是说社会资源完全靠市场配置是不可能的。

在市场经济条件下，一部分社会资源必须由财政配置，财政必然具有内在的资源配置职能。首先，公共产品的提供要求一部分社会资源必须由财政配置，政府经济活动就是要为社会提供公共产品以满足社会的公共需要。由于公共产品具有非竞争性和非排他性的特点，具有较为明显的外部效应，在公共产品提供的过程中，不存在自身等价交换的补偿机制，因此，公共产品在一般情况下不可能依靠市场提供，市场机制在公共产品资源配置中不起作用。在这种情况下，公共产品的提供只能依靠财政。政府通过财政分配活动为公共产品配置相应的社会资源。财政为公共产品配置资源是必然的，如果财政给公共产品配置的资源不足，而市场又不能配置，则会导致整个社会公共产品的短缺，出现财政缺位的现象。其次，弥补市场失灵也需要一部分社会资源由财政配置。市场在竞争性领域中的资源配置是高效率的，但市场在资源配置中存在着市场失灵，可能会出现社会资源的损失和浪费、社会再生产过程的垄断、通货紧缩和通货膨胀、市场价格信息的扭曲以及社会收入分配的不公等现象。因此，需要政府对市场经济领域进行干预，矫正市场的失灵。例如，通过财政补贴矫正正的外部效应，通过收费矫正负的外部效应，通过财政政策的制定和实施调节社会总供给与社会总需求的平衡等，这将导致财政实现对一部分社会资源的配置。

（二）财政资源配置职能的实现机制和手段

财政资源配置职能的实现机制和手段主要有以下几种。

1. 预算手段

运用预算手段是指通过国家预算合理安排财政收入和财政支出的规模，确定财政收入和财政支出占国内生产总值（GDP）的比重，合理确定财政赤字或结余，进而影响社会总供给和总需求的相对均衡，保证社会再生产的顺利进行。国家预算是财政安排资源配置最基本的手段。

2. 收入手段

运用收入手段，是指合理安排财政收入的数量和收入的形式，确定财政占有社会产品的规模；完善税收制度和税收的征收管理，协调流转税和所得税之间的关系，发挥它们不同的作用；规范政府的收费行为，合理确定税收与收费之间的比例关系；协调公债的发行规模，选择合理的公债发行方式与偿还方式，完善公债市场，发挥公债的作用。组织财政收入的过程也就是政府占有社会产品的过程，运用财政收入手段能够为财政配置社会资源提供基础和保证。

3. 支出手段

合理安排财政支出是财政配置社会资源的主要手段。运用支出手段，是指合理安排财政支出规模，进一步优化财政支出结构，通过财政支出结构的优化和调整实现财政资源配置结构的优化；应将财政支出的重点逐步转移到提供公共产品以满足社会公共需要上来；合理确定购买性支出与转移性支出的比重，合理确定投资性支出与消费性支出的比重；综合运用政府投资、公共支出、财政补贴、政府贴息、税收支出等多种支出形式，全面实现财政资源配置的优化。

4. 提高财政资源配置的效率

财政的资源配置无疑应当坚持"公平优先，兼顾效率"的原则，必须强调财政资源配置在维系社会公平中的不可替代的作用，但公平优先不意味着放弃效率。在公平优先的原则下，必须兼顾财政资源配置的效率，既要注意财政资源配置的社会效率，也要注重财政资源配置自身的效率，应当针对不同性质的财政支出，运用不同的方法对支出效率进行分析和评价。

5. 合理安排政府投资的规模和结构，保证国家的重点建设

政府投资规模和结构主要是指预算内投资规模和结构，应保证重点建设，这在产业结构调整中起着重要作用，这种作用对发展中国家有着至关重要的意义。过去一段时间内，我国预算内投资占全社会投资比重过低，公共设施和基础设施发展滞后对经济增长形成了"瓶颈"制约，自实施积极财政政策以后大有改观，今后仍然必须从财力上保证具有战略性的国家重大建设工程，但切忌越俎代庖，排挤市场作用。

6. 政府投资、税收政策和财政补贴

通过政府投资、税收政策和财政补贴等手段，带动和促进民间投资、吸引外资和对外贸易，提高经济增长率。

三、收入分配职能

（一）收入分配职能的含义和必然性

财政收入分配职能，是指通过财政分配活动实现收入在全社会范围内的公平分配，将收入差距保持在社会可以接受的范围内。收入分配职能是财政的最基本和最重要的职能。在社会再生产过程中，既存在着凭借生产要素投入参与社会产品分配所形成的社会初次分配过程，也存在着凭借政治权力参与社会产品分配所形成的社会再分配过程。初次分配是市场经济领域的分配活动，财政再分配则是政府经济领域的分配活动。两个领域收入分配的原则与机制是完全不同的，在收入分配中如何处理公平与效率的关系也不相同。

市场经济领域中的初次分配，贯彻的是"效率优先，兼顾公平"的原则。在一般情况下，人们对公平的理解主要是社会产品分配结果的公平。但结果的公平本身，受制于起点的公平和规则及过程的公平。没有起点的公平和规则及过程的公平，不可能真正实现结果的公平。市场经济之所以坚持效率优先，原因在于，首先，市场经济中的初次分配依据的是生产要素的投入，生产要素的拥有者将自身拥有的生产要素投入到生产过程之中，并凭借这种生产要素的投入参与生产结果的分配。而社会成员对生产要素拥有的数量与质量都不相同，这种起点的不同必将影响到结果分配的不同，这实际上就是起点的不公平。在这种情况下，市场经济领域的初次分配不可能强调结果分配的公平，市场经济有可能做到规则和过程的公平，但无法做到结果的公平。如果市场经济刻意追求结果的公平，就不存在按生产要素投入的分配。其次，市场经济具有竞争性。在竞争性的作用下，资源利用效率比较低的企业有可能通过破产机制被淘汰，其利用的资源也会向资源利用效率较高的企业集中。这种竞争对市场主体来说是生与死的竞争。在生与死的竞争压力下，市场经济主体必须提高资源利用效率，将效率放在首位，如果没有一定的效率就没有生存的机会。

（二）财政收入分配职能的实现机制和手段

1. 区分市场分配和财政分配的界限

在一般情况下，属于市场经济领域的分配，应交由市场初次分配去完成，应当承认市场初次分配中收入分配差距拉大的合理性，以促进市场资源配置效率的提高，进而提升整个社会经济活动的效率。属于政府经济领域的收入分配，则应由财政完成，通过公共产品的提供来全面提升全体社会成员的福利，实现收入分配公平。

2. 制定法律保证规则和过程的公平

在市场经济体制中政府应当起到裁判员的作用。市场经济是竞争的，但竞争应当是有秩序的，这种市场竞争的秩序主要应通过政府制定竞争规则来实现。市场经济本身无法做到起点的公平，但政府必须通过规则的制定，保证市场经济规则和过程的公平。竞争规则制定之后，对每一位市场竞争主体都是一视同仁的，从而根本上杜绝了依靠弄虚作假、行贿受贿、价格双轨制等不正常手段获取暴利。

3. 加强税收调节

税收调节是从收入角度调节社会收入分配的重要手段。市场经济在竞争的作用下必然出现收入分配差距的拉大，政府应当承认这种差距的合理性，但政府不能任由这种收入分配差距拉大。政府可以通过税收对各方的收入进行调节。财政既可以通过间接税调节各类商品的价格，从而调节各种生产要素的收入，也可以通过累进个人所得税，调节社会成员的收入水平，对较高收入群体课以较高的税，体现出区别对待的政策。

4. 规范工资制度

这里是指由国家预算拨款的政府机关公务员的工资制度和视同政府机关的事业单位职工的工资制度。凡应纳入工资范围的收入都应纳入工资总额，取消各种明补和暗补，提高工资制度的透明度；实现个人收入分配的货币化和商品化；适当提高工资水平，建立以工资收入为主、工资外收入为辅的收入分配制度。

5. 完善转移支付体系

通过转移支付制度调节社会收入分配是财政的支出政策。一般理论认为，支出政策在调节收入分配中比收入政策更为有效，副作用更小。财政可以通过社会保障制度建设、发放失业救济金、制定城市最低生活费制度、进行住房补贴等方式，加大对低收入群体的支持力度，使其能够维持一般的生活水平，从而维系整个社会的稳定，提升全体社会成员的福利。

应当指出，财政收入分配职能旨在实现收入在社会范围内的公平分配，将收入分配差距控制在社会可以接受的范围内，而绝不意味着社会财富的平均分配，不能把公平理解为绝对的平均。对现实经济生活中出现的收入分配差距拉大的情况，应另做具体的分析。事实上，改革中出现的矛盾不单纯是结果分配的不公即社会财富占有的不公，更多的是起点的不公和规则及过程的不公。事实上，人们对通过公平竞争、诚实劳动取得较多收入一般是认可的，而对因采用虚假手段、贪污腐败、以权谋私所取得的较高收入是难以接受的，因此，政府不仅应当关注结果的公平，而且应关注起点的公平和规则及过程的公平。

第二章　财政的收入与支出

第一节　财政的收入

一、财政收入的含义

提供公共产品，满足社会公共需要，是财政活动的主要目的。而要实现这一目的，政府必须首先获得提供公共产品的财政资金。因此，财政收入是政府为满足社会公共需要，依据一定的权力原则，通过国家财政，从企事业单位和居民个人收入中集中的一定数量的货币或实物资产收入。财政收入通常有两个含义：第一，财政收入是一定量的公共性质的货币资金，即通过一定筹资形式和渠道集中起来的由国家集中掌握使用的货币资金，是国家占有的以一定量的货币表现的社会产品价值，主要是剩余产品价值。第二，财政收入又是一个过程，即组织收入、筹集资金的过程，它是财政分配的第一阶段或基础环节。

政府取得财政收入主要凭借公共权力，包括政治管理权、公共资产所有或占有权、公共信用权等，其中政治管理权是核心，这是由政府所提供的公共产品的性质所决定的。公共产品收益的普遍性，使大部分这类产品的供给无法采用经营性方式进行，因而只能凭借政府的政治管理权对社会成员收入的征税，来补偿公共产品的成本。

二、财政收入分类的依据

财政收入分析可以从多个角度进行，如可以从财政收入的形式、来源、规模和结构等角度进行分析。而诸种分析顺利进行的首要条件是要对财政收入作科学的分类。财政收入分类的必要性源于财政收入的复杂性，如从财政作为以国家为主体的分配活动的角度来看，应将财政收入理解为一个分配过程，这一过程是财政分配活动的一个阶段或一个环节，在其中形成特定的财政分配关系。在商品经济条件下，财政收入是以货币来度量的，从这个意义上来理解，财政收入又是一定量的货币收入，即国家占有的以货币表现的一定量的社会产品的价值，主要是剩余产品价值。

财政收入的复杂性又使得财政收入的分类多种多样。各国财政学者都十分重视财政收入分类，并根据研究角度的不同和对实践分析的不同需要有各不相同的分类主张。如有的将财政收入分为直接收入、间接收入和预期收入三类，有的将财政收入分为经常收入和临时收入两类，还有的将财政收入分为强制性收入和自由收入、公经济收入和私经济收入等。可见，财政收入是一个复杂的体系，为便于对财政收入进行分析，人们通常按一定的标准对财政收入加以分类。但对财政收入进行的能够具有理论和实践价值的分类，似乎应合乎两个方面的要求。一是要与财政收入的性质相吻合。由于财政收入既是一个分配过程，又是一定量的货币收入，具有两重性质，所以，财政收入分类应体现这一特点。二是要同各国实际相适应。如我国是发展中的社会主义国家，经济中的所有制结构和部门结构与其他国家有较大的差别，财政收入构成自然也与其他国家不同，财政收入分类必须反映这一现实。按照上述分类的要求，我国财政收入分类应同时采用两个不同的标准，一是以财政收入的形式为标准，主要反映财政收入过程中不同的征集方式以及通过各种方式取得的收入在总收入中所占的比重；二是以财政收入的来源为标准，主要体现作为一定量的货币收入从何取得，并反映各种来源的经济性质及变化趋势。

三、财政收入分类

（一）按财政收入形式分类

按财政收入形式分类，是指以财政收入的形式依据为标准进行分类。收入依据不同，财政收入的表现形式也不同。通常，把财政收入分为税收和其他收入两大类。这种分类的好处是突出了财政收入中的主体收入，即国家凭借政治权力占有的税收。税收收入的形成依据的是国家的政治管理权，它在财政收入中占据主导地位，它为一般的财政支出提供基本的资金来源，同时也是政府实施经济管理和调控的重要手段。其他形式的财政收入可以统称为非税收入，各有其特定的形式依据，反映不同的收入关系，在财政收入中所占份额相对较小。对其他财政收入还可以进一步划分为企业收入、债务收入以及其他收入等。我国的财政统计分析中经常采用的就是这种分类方法。不过，企业收入在1994年税制改革后，在财政收入统计中已经消失，而债务收入已不再列入经常收入，债务收支单独核算。按照这一分类方法，税收收入主要包括增值税、营业税、消费税、土地增值税、城市维护建设税、资源税、城市土地使用税、印花税、个人所得税、企业所得税、关税等。其他收入类包括排污费收入、城市水资源费收入、教育费附加收入等单项收入，以及规费收入、事业收入和外事服务收入、国有资产管理收入、罚没收入等。其中，规费收入是指国家机关为居民或团体提供特殊服务或实施行政管理所收取的手续费和工本费，如工商企业登记费、商标注册费、公证费等。

按财政收入形式通常又可将财政收入分为经常性收入和非经常性收入（临时性收入）。经常性收入主要是指税收和各种收费，非经常性收入是指债务收入和其他收入。按财政收入形式进行分类，主要应用于分析财政收入规模的增长变化及其增长变化的趋势。

（二）按财政收入来源分类

经济作为财政的基础和财政收入的来源，对财政分配过程和财政收入本身具有决定作用。无论国家以何种方式参与国民收入分配，财政收入过程总是和该国的经济制度和经济运行密切相关。如果把财政收入视为一定量的货币收入，那么其是来自国民收入的分配和再分配。

现实中，财政收入总体上来自国内生产总值，而国内生产总值又是由全国不同的单位、部门、地区创造的。因此，按财政收入来源对财政收入进行分类，可以选择两个不同的标准，一是以财政收入来源中的所有制结构为标准，可以将财政收入分为国有经济收入、集体经济收入、股份制经济收入、中外合营经济收入、私营经济收入、外商投资和外商独资经济收入、个体经济收入等。二是以财政收入来源中的部门结构为标准，可以将财政收入分为工业部门收入、农业部门收入、商业部门收入、建筑部门收入和其他部门收入等，其中，工业部门收入又可以分为轻工业部门收入和重工业部门收入。当然，对财政收入也可以作这样两种划分，一是分为生产部门收入和流通部门收入，二是分为第一产业部门收入、第二产业部门收入和第三产业部门收入等。

按财政收入来源对财政收入进行分类，有利于研究财政与经济之间的制衡关系，把握经济活动及其结构对财政收入规模及构成的决定作用，明确财政收入政策对经济运行的影响，从而有利于选择财政收入的适当规模和结构，并建立经济决定财政、财政影响经济的和谐运行机制。

（三）按财政收入的管理方式分类

按财政收入的管理方式分类，实际上是从按财政收入形式分类中衍生出来的一种分类方式。由于目前我国仍处于经济体制转轨时期，财政收入项目经常有所变动，财政统计也还不够规范，于是便有收费项目繁多、管理方式不统一的多种不同财政收入，并且这些繁多收费项目的种类经常变化。因此，为了对财政收入进行科学、准确的分析，需要将这些名称不同的财政收入按管理方式的不同进行分类。

按财政收入管理方式的不同，可以将财政收入分为预算内财政收入和预算外财政收入。预算内财政收入是指统一纳入国家预算、按国家预算立法程序实行规范管理、由各级政府统一安排使用的财政收入。目前，我国预算内财政收入项目包括各项税收、专项收入（如排污费、教育费附加收入）、其他收入（如基本建设收入、捐赠收入）、国有企业亏损补贴。预算外财政收入是指各级政府依据具有法律效力的法规，采取收费形式而形成的专项资金或专项基金。专项资金和专项基金的共同特征在于，一是在使用上由收费各部门安排使用，二是在统计上未纳入财政收入统计。不同的是，专项资金专项统计，并实行"收支两条线"管理；中央政府性基金收入已纳入预算管理，其数额在预算报告中专门列明。

此外，在人们分析财政收入时，还经常提到"制度外收入"。制度外收入是与预算外收入相对而言的，如果将预算外收入视为制度内收入，那么制度外收入就是预算之外的乱收费、乱罚款、乱摊派。制度外收入目前没有政府公布的统计数字，我国政府正在加强对制度外收入的清理整顿。

第二节　财政收入规模与结构

一、财政收入规模

财政收入规模与财政支出规模密切相关，在变化趋势上具有明显的一致性，但两者所说明的问题却不相同。如果说财政支出是直接说明政府活动规模的，那么财政收入则主要反映企业和居民家庭对政府活动经费的负担水平。

（一）财政收入规模的含义与衡量指标

财政收入规模是指一国政府在一个财政年度内所拥有的财政收入总水平。财政收入规模的大小可以从静态和动态两个角度来进行分析，并分别采用两个不同的指标来描述，一是可以从静态的角度用年度财政收入的总量（年财政收入额）来描述，这是一个绝对数指标；二是可以从动态的角度用财政收入占国内生产总值的比重，计算公式（一定时期内财政收入总额／同期国内生产总值）×100%，这是一个相对数指标。

绝对数指标表现了一国政府在一定时期内的具体财力有多大，因而这一指标适用于财政收入计划指标的确定、完成情况的考核及财政收入规模变化的纵向比较；相对数指标则主要反映一国政府参与国内生产总值分配的程度（财政的集中程度）有多高，因而具有重要的分析意义，其分子根据反应对象和分析目的的不同可以运用不同口径的指标，如中央政府财政收入、各级政府财政总收入等，同样分母也可以用不同口径的指标，如国内生产总值、国民收入等。

（二）影响财政收入规模的因素

从历史上看，保证财政收入持续、稳定、适度地增长，始终是世界各国政府的主要财政目标，而在财政赤字笼罩世界的现代社会，谋求财政收入增长更为各国政府所重视。但是，财政收入规模多大、增长速度多快，不是以政府的意愿为转移的，它要受到各种政治经济等因素的制约和影响，这些因素包括经济发展水平、生产技术水平、价格及收入分配体制等，其中最主要的是经济发展水平和生产技术水平。

1. 经济发展水平和生产技术水平对财政收入规模的影响

经济发展水平反映一个国家的社会产品的丰富程度和经济效益的高低。一般而言，经济发展水平高，社会产品丰富，国内生产总值就多，则该国的财政收入总额较大，占国内生产总值的比重也较高。当然，一个国家的财政收入规模还受其他各种主客观因素的影响，但有一点是可以肯定的，就是经济发展水平对财政收入的影响表现为基础性的制约，两者之间存在源与流、根与叶的关系，源远则流长，根深则叶茂。

从世界各国的现实状况考察，发达国家的财政收入规模大都高于发展中国家，而在发展中国家中，中等收入国家的财政收入规模又大都高于低收入国家，绝对额是如此，相对数亦是如此。这可以证明财政的一个基本原理：经济决定财政，经济不发达则财源不丰裕。

经济发展水平对财政收入规模的制约关系，可以运用回归分析方法做定量分析。回归分析是考察经济活动中两组或多组经济数据之间存在的相关关系的数学方法，其核心是找出数据之间的相关关系的具体形式，得出历史数据，借以总结经验，预测未来。

由于一定的经济发展水平总是与一定的生产技术水平相适应，较高的经济发展水平往往是以较高的生产技术水平为支撑的，生产技术水平内含于经济发展水平之中，因此，生产技术水平也是影响财政收入规模的重要因素。对生产技术水平制约财政收入规模的分析，事实上是对经济发展水平制约财政收入规模研究的深化。

简单地说，生产技术水平是指生产中采用先进技术的程度，又可称之为技术进步。技术进步对财政收入规模的制约可从两个方面来分析，一是技术进步往往以生产速度加快、生产质量提高为结果。技术进步速度较快，GDP 的增长也较快，财政收入的增长就有了充分的财源。二是技术进步必然带来物耗比例降低，经济效益提高，产品附加值所占的比例扩大。由于财政收入主要来自产品附加值，所以技术进步对财政收入的影响更为直接和明显。

2. 分配政策和分配体制对财政收入规模的影响

制约财政收入规模的另一个重要因素是政府的分配政策和分配体制。经济决定财政，财政收入规模的大小，归根结底受生产发展水平的制约，这是财政学的一个基本观点。经济发展水平是分配的客观条件，而在客观条件既定的情况下，还存在通过分配进行调节的可能性。因此，在不同的国家（经济发展水平相同）和一个国家的不同时期，其财政收入规模也是不同的。

GDP 分配格局变化的原因是复杂的，是国民经济运行中各种因素综合作用的结果。首先，它是经济体制转轨的必然结果。分配体制和分配模式是由经济体制决定的，过去在计划经济体制下的统收统支体制，显然是和市场经济体制不相称的，经济体制转换带来分配体制的转换是必然的。实际上，我国经济体制改革是以分配体制改革为突破口的。实践证明，分配体制改革促进了经济体制改革，促进了经济的快速增长。其次，GDP 分配向个人倾斜，财政收入比重下降，与分配制度不健全以及分配秩序混乱有直接的关系。我国政府的分配制度和分配政策是明确的，即以按劳分配为主，多种分配形式并存；效率优先，兼顾公平；保护合法收入，取缔非法收入，调节过高收入。但在改革过程中，对这个政策的贯彻并不是十分有力。居民的收入可以分成两个部分，第一部分，制度内收入或称正常收入，主要是工资、奖金、经营收入和财产收入；第二部分，制度外收入或称非正常收入，这部分收入的特征是透明度差，其收入的来源渠道、所采用的收入形式、在个人收入中所占比重大小等并不明确，这使得这些收入带有很大的隐蔽性，而制度外收入的急剧增长，又是造成居民收入差距急剧扩大并形成收入分配不公的重要原因。

由以上分析可以看出，在经济体制改革中调整分配政策和分配体制是必要的，但必须有缜密的整体设计，并要考虑国家财政的承受能力。因此，在提高经济效益的基础上，整顿分配秩序，调整分配格局，适当提高财政收入占国民收入的比重，是不断深化经济体制改革的重要课题。

3. 价格对财政收入规模的影响

财政收入是一定量的货币收入，它是在一定的价格体系下形成的，并且是在一定时点按现价计算的。因此，由于价格变动引起的 GDP 分配必然影响财政收入的增减。

价格变动对财政收入的影响，首先表现在价格总水平升降的影响上。在市场经济条件下，价格总水平一般呈上升趋势，一定范围内的上涨是正常现象，持续地、大幅度地上涨就是通货膨胀；反之，价格持续地下降就会形成通货紧缩。当财政收入随着价格水平的上升而同比例地增长时，财政收入就会表现为"虚增"，即财政收入是名义上的增长，而实际并无增长。在实际经济生活中，价格分配对财政收入的影响可能出现各种不同的情况。物价上升对财政收入影响的几种不同情况为：①当财政收入增长率高于物价上涨率时，名义财政收入增长，实际财政收入也增长；②当物价上涨率高于财政收入增长率时，名义财政收入为正增长，而实际财政收入为负增长；③当财政收入增长率与物价上涨率大体一致时，只有名义财政收入增长，而实际财政收入不增不减。

在实际经济生活中，价格分配对财政收入增减的影响，主要取决于两个因素：一是引发物价总水平变动的原因，二是现行的财政收入制度。

一般来说，连年的财政赤字通常是通货膨胀的重要原因。当为了弥补财政赤字而造成流通中过多的货币投放时，财政就会通过财政赤字从 GDP 再分配中分得更大的份额；在 GDP 因物价上升形成名义增长而无实际增长的情况下，财政收入的增长就是通过价格再分配体制实现的。因此，财政收入的增量通常可分为两部分：一部分是

GDP 正常增量的分配所得，另一部分是价格再分配所得。后者即为通常所说的"通货膨胀税"。

决定价格分配对财政收入影响的另一个因素是现行财政收入制度。如果一个国家实行的是以累进所得税为主体的税制，纳税人适用的税率会随着名义收入增长而提高，即出现所谓"档次爬升"效应，从而使财政在价格再分配中所得的份额有所增加。如果实行的是以比例税率为主的流转税为主体的税制，这就意味着税收收入的增长率等同于物价上涨率，财政收入只有名义增长，而不会有实际增长。如果实行的是定额税率为主体的税制，那么在这种税制下，税收收入的增长总要低于物价上涨率，所以财政收入即使有名义增长，而实际必然是下降的。

另外，价格变动的情况不同，造成价格变动的原因不同，对财政收入规模的影响也不相同。在一定的财政收入制度下，当商品的比价关系向有利于高税商品（或行业）变动时，即高税商品价格涨幅大于低税商品价格涨幅时，财政收入会有更快的增长，即财政收入的规模将会变大；反之，当商品的比价关系向有利于低税商品（或行业）变动时，即低税商品价格涨幅大于高税商品价格涨幅时，财政收入的规模将会变小。

在市场经济条件下，市场价格总是随市场供求关系而上下浮动，并主要是在买卖双方之间发生再分配，而价格的上下浮动一定会进一步影响到财政收入的增减。如果价格是影响财政收入状况的重要因素，那么，国家在有计划地进行价格体制改革和价格宏观调控的过程中，就必须考虑到财政的承受能力。这也就是说，财政的状况也会反过来影响价格体制改革，并成为影响价格体制改革的重要因素。

二、财政收入结构

对财政收入结构进行分析，可以根据研究角度的不同和对实践分析的不同需要从多个角度进行。目前，各国学者主要从财政收入分项目构成、财政收入所有制构成、财政收入部门构成等方面对财政收入结构进行分析。

（一）财政收入分项目构成

分析财政收入分项目构成，是指按财政收入形式分析财政收入的结构及其变化的趋势。这种结构的变化，是我国财政收入制度变化的反映。

在过去的计划经济体制下，财政收入对国有企业主要采取上缴利润和税收两种形式。由于实行统收统支体制，区分上缴利润和税收不但没有实质性的意义，而且长期存在简化税制、"以利代税"的倾向。

（二）财政收入所有制构成

财政收入所有制构成是指来自不同经济成分的财政收入所占的比重。这种结构分析的意义，在于说明国民经济所有制构成对财政收入规模和结构的影响及其变化趋势，从而采取相应的增加财政收入的有效措施。研究财政收入的所有制结构是国家制定财政政策、制度，正确处理国家同各种所有制经济之间财政关系的依据。

财政收入按经济成分分类，包括来自国有经济成分的收入和来自非国有经济成分的收入两个方面。对财政收入做进一步细分，则有来自全民所有制经济的收入、集体所有制经济的收入、私营经济的收入、个体经济的收入、外资企业的收入、中外合资经营企业的收入和股份制企业的收入。我国经济以公有制为主体，国有经济占据支配地位，同时允许并鼓励发展城乡个体经济、私营经济、中外合资经营企业和外商独资企业。

（三）财政收入部门结构

进行财政收入部门结构分析，在于说明各生产流通部门在提供财政收入中的贡献及其贡献程度。这里的部门有双重含义：一是按传统意义上的部门分类，分为工业、农业、建筑业、交通运输业及服务业等。二是按现代意义上的产业分类，分为第一产业、第二产业和第三产业。这两种分类的依据虽然不一样，但对财政收入部门结构分析的意义却是一致的。

由于各个国家的产业结构总是处在不断地调整和变化中，因此，在行业间存在平均利润率作用的情况下，财政收入的部门结构分析可以通过不同部门提供的收入在全部财政收入中的比重来反映不同产业部门在国民经济中的地位，提供财政收入比重较高的部门通常在国民经济中处于较重要的地位，反之则地位较弱。这种结构状态如果与各产业在国民经济结构中的实际地位相一致，又与政府产业政策的取向基本一致，则可以维持目前政府与各部门之间的分配关系；如果这种结构与各产业在国民经济中的实际地位不一致，则反映了财政现行分配政策上的偏向性。如果要追求收入分配的中性政策，则应对现行分配政策进行调整。

第三节　财政的支出

财政支出与财政收入是财政分配的两个方面：一方面是筹集收入；另一方面是安排支出。财政支出通常也被称为政府支出或公共支出，是政府把筹集到的财政资金用于社会生产与生活各个方面的分配活动。从财政支出的经济性质上看，它是由各级政府集中支配的那部分国民收入和一部分往年积累的社会财富价值，按照不同用途进行的再分配。财政及时拨付经费和进行投资，是国家履行职能的重要保证。

一、财政支出的分类与结构

财政支出是国家各级政府的一种经济行为，是国家对集中起来的财力进行再分配的活动，它要解决的是由国家支配的那部分社会财富的价值如何安排使用的问题。财政支出的不同分类，形成了不同的支出结构，而不同的支出结构，对财政运行进而对经济的运行产生的影响是不同的。

（一）财政支出的分类

财政支出范围广、项目多，涉及多方面的分配关系。为了更有效地使用这部分资金和经费，提高财政支出的经济效益和社会效益，需要对财政支出进行科学分类。

1. 按支出的具体用途分类

按支出的具体用途分类是我国财政支出分类的传统方法。这种分类能够较为具体地揭示出财政资金的用途，照此分类形成的项目在我国财政统计表上称为"财政主要支出项目"。

我国的财政支出按支出的具体用途分类，主要包括挖潜改造资金、基本建设支出、流动资金、科技三项费用、地质勘探费、工交商业部门事业费、支援农村生产支出、各项农业事业费、文教科学卫生事业费、抚恤和社会救济费、国防费、行政管理费、价格补贴支出等。按照马克思的社会再生产理论，社会总产品经过初次分配和再分配后，从静态的价值构成的角度划分，可分为补偿性支出、消费性支出和积累性支出；从动态的再生产的角度划分，可分为投资性支出和消费性支出。在任何经济社会里，财政活动都是对社会总产品的分配，财政支出的形成是与社会总产品的分配有密切关系的。因此，财政支出按具体用途分类的项目也可以从静态的价值构成和动态的社会再生产角度分别考察。从静态的价值构成的角度来看，挖潜改造资金属于补偿性支出；基本建设支出、流动资金、科技三项费用、地质勘探费、工交商业部门事业费、支援农村生产支出、各项农业事业费、价格补贴支出等支出中增加固定资产的部分，属于积累性支出；文教科学卫生事业费、抚恤和社会救济费、国防费、行政管理费等属于消费性支出。从动态的社会再生产的角度来看，挖潜改造资金、基本建设支出、流动资金、科技三项费用、地质勘探费、工交商业部门事业费、支援农村生产支出、各项农业事业费、价格补贴支出等支出中增加固定资产的部分，属于投资性支出；文教科学卫生事业费、抚恤和社会救济费、国防费、行政管理费等属于消费性支出。

2. 按政府职能分类

按政府职能分类也称为按费用类别分类。政府主要有两种职能，分别是经济管理职能和社会管理职能。财政支出是政府集中使用社会资源，实现政府职能的过程，因此，对应政府的两种职能，财政支出就形成了经济管理支出和社会管理支出。

经济管理支出主要是经济建设费，包括基本建设支出、国有企业挖潜改造资金、科技三项费用、简易建筑费、地质勘探费、增拨国有企业流动资金、支援农村生产支出、工交商业部门事业费、城市维护费、国家物资储备支出等。社会管理支出主要是国防费、行政管理费和社会文教费。其中，国防费主要包括各种武器和军事设备支出、军事人员给养支出、有关军事的科研支出、对外军事援助支出、民兵建设事业费支出、用于实行兵役制的公安、边防、武装警察部队和消防队伍的各种经费，防空经费等；行政管理费主要包括用于国家行政机关、事业单位、公安机关、国家安全机关、司法机关、检察机关、外交机关（包括驻外机构）等的各种经费、业务费、干部培训费等；社会文教费主要包括用于文化、教育、科学、卫生、出版、通信、广播、文物、体育、地震、海洋、计划生育等方面的经费、研究费和补助费等。这样，按照政府职能分类，财政支出可划分为经济建设费、国防费、行政管理费、社会文教费和其他支出共五类。

3. 按财政支出的经济性质分类

按照财政支出的经济性质分类，财政支出可分为购买性支出和转移性支出。这种分类也可以说是以财政支出是否与商品和服务相交换为标准的分类。

购买性支出是指政府在市场上购买商品和服务所发生的支出，包括购买进行日常政务所需的和用于国家投资所需的商品和服务的支出。前者如政府各部门的事业费，后者如政府各部门的投资拨款。购买性支出的特点是，这类财政支出是与商品和服务相交换的，财政一方面付出了资金，另一方面得到了相应的商品和服务，即遵循等价交换原则，体现了政府的市场性再分配活动。转移性支出是指政府资金无偿的、单方面的转移，包括补助支出、捐赠支出和债务利息支出等。转移性支出的特点是，这类财政支出不与商品和服务相交换，财政一方面付出了资金，另一方面却无任何所得，即不遵循等价交换原则，体现了政府的非市场性再分配活动。

4. 政府支出分类改革

在国际上，从现有的分类方法来看，大体上可以归为两类：一类是用于理论和经验分析的理论分类，另一类是用于编制国家预算的统计分类。

按职能分类，财政支出包括一般公共服务支出、国防支出、教育支出、保健支出、社会保障和福利支出、住房和社区生活设施支出、其他社区和社会服务支出、经济服务支出以及无法归类的其他支出。按经济分类，财政支出包括经常性支出、资本性支出和净贷款。

新的政府收支分类主要包括收入分类、支出功能分类和支出经济分类，其中，核心内容是支出分类改革，变支出经费性质分类为支出功能分类。支出功能分类主要根据政府职能进行分类，说明政府做什么。按联合国政府职能分类，一国财政支出的职能分类大体包括四个部分：一是一般政府服务，主要反映政府需要且与个人和企业劳务无关的活动，包括一般公共管理、国防、公共秩序与安全等；二是社会服务，主要反映政府直接向社会、家庭和个人提供的服务，如教育、卫生、社会保障等；三是经济服务，主要反映政府经济管理、提高运行效率的支出，如交通、电力、农业和工业等；四是其他支出，如利息、政府间的转移支付。

（二）财政支出结构

财政支出结构是指各类财政支出占总支出的比重，财政支出的不同分类形成了不同的财政支出结构。财政支出结构表明在现有财政支出规模的前提下财政资源的分布情况。由于社会公共需要是多方面的，而资源又是有限的，政府在通过财政支出满足社会公共需要的过程中，如果要用有限的资源满足多种需要，就必须按各种需要的比例，合理地分配资源，使资源分布状况与各种需要之间合乎比例，因此，优化财政支出结构，直接关系到财政支出本身的效率和经济效率。不同的国家，在不同的历史时期，财政支出结构会呈现不同的状况，其一般规律有以下几点。

1. 财政支出结构变化受政府职能的影响

财政支出是政府活动的资金来源，因此，政府职能的大小和侧重点，直接决定财政支出结构，有什么样的政府职能，也就应当有其相应的财政支出结构。如果政府侧重经济管理职能，财政支出结构就会偏重资源动员和经济事务方面的支出；如果政府侧重社会管理职能，财政支出结构就会偏重行政管理、法律秩序、防卫等维持国家机器正常运转方面的支出。从我国的财政支出结构来看，经济建设费所占比重的下降趋势是非常明显的。在经济体制改革过程中，投资主体的多元化以及投资主体的资金来源多元化，使得预算内基本建设支出比重迅速下降。由此可见，政府的经济管理职能在逐步弱化。从社会管理支出方面来看，为了推动科教兴国的战略方针，政府不断加大对教育、科学等领域的投入力度，除个别年份外，社会文教费的比重保持上升趋势，行政管理费和其他支出也一直在持续上升。可见，政府的社会管理职能在日益加强。不过，在社会管理支出的增长中，有合理的成分，也有不合理的成分。首先，社会文教费的增长是合理的。随着人们对"科学技术是第一生产力"认识的提高，政府理应重视加大对教育、科学等领域的财政投入力度。其次，行政管理费的增长不尽合理。随着社会经济发展，经济活动日趋复杂，公共事务也日益增加，行政管理支出增加有其必然性，但是，其增长速度过快，并与政府机构臃肿、人员膨胀、公用经费缺乏明显的界限、预算约束软化也是分不开的。

2. 财政支出结构变化受经济发展阶段的影响

在经济发展的早期，政府投资应占较大的比重，公共部门为经济发展提供社会基础设施如交通、通信、水利设施、环境卫生系统等方面的投资。在经济发展的中期，私人部门的资本积累较为雄厚，各项经济基础设施建设也已基本完成，政府投资只是对私人投资的补充，因此，政府投资在财政支出中的比重会下降。在经济发展的成熟期，人们对生活质量提出了更高的要求，政府将增加对教育、保健与福利服务等方面的支出。从我国的实际情况来看，随着经济发展水平的进一步提高，政府对教育、卫生、社会保障和福利方面的支出比例在逐渐增加，这也是与经济发展阶段相适应的财政支出结构逐步优化的过程。

二、财政支出原则

财政支出原则就是在安排和组织财政支出过程中应当遵循的基本准则，或者说是处理财政支出中各种矛盾所必须遵循的准则。

（一）公平与效率兼顾原则

兼顾公平与效率是评价一切社会经济活动的原则。在财政支出活动中也存在公平和效率，也应该遵循公平与效率兼顾的原则，不能只顾某一方面而忽视另一方面，但是，在具体的政策实施中，一国政府可以根据一定时期的政治经济形势侧重某一方面。财政支出的效率是与财政的资源配置职能相联系的。财政在利用支出对资源进行配置时，要实现社会净效益（或净所得）最大化，这样的资源配置才是有效率的，即当改变资源配置时，社会的所得要大于社会的所失，差额越大效率越高。要实现财政支出效率，就必须要控制和合理分配财政支出，要有评价财政支出项目和方案的科学方法和制度保证，安排财政支出的结果就要能实现社会净效益最大化。财政支出的公平是与财政的收入分配职能相联系的。收入分配的目标就是实现公平分配，但是，市场在对社会成员的收入进行初次分配时，主要是以要素贡献的大小来确定其报酬或价格水平的，其结果可能导致社会成员的收入分配产生巨大差距。财政的收入分配职能就是通过财政的再分配活动，压缩市场经济领域出现的收入差距，将收入差距维持在社会可以接受的范围内。对一个社会来说，在强调经济效率的同时不能忽视社会公平的重要性。社会经济的稳定与发展是资源的有效配置和收入的合理分配的综合结果，实际上也是贯彻公平与效率兼顾的结果，因此，社会经济的稳定与发展是兼顾公平与效率的体现。

（二）量入为出与量出为入相结合原则

量入为出是指政府应根据一定时期（通常为一年）内的财政收入总量来安排财政支出，要力争做到财政收支基本平衡。量入为出体现了一国经济发展水平对财政支出的制约。量出为入是指应考虑国家最基本的财政支出需要来确定收入规模。量出为入肯定了政府公共支出保持必要数量的重要作用。量入为出和量出为入一直是我国古代财政思想的两极。从量入为出与量出为入原则的相互关系看，应当肯定量入为出是一国实现财政分配的相对稳定、防止财政收支不平衡和因此产生的社会经济问题的最终选择，因此，量入为出原则具有普遍的实践意义，是政府安排财政支出必须坚持的基本准则，也是实现量出为入原则的基础。而量出为入原则是随着国家社会的发展，以及对政府在资源配置上的重要地位的肯定，为保障必不可少的公共支出的需要而形成的，但并不是指政府可以任意扩大财政支出。在现代社会中，只有把量入为出与量出为入的财政支出原则有效地结合起来，才能既避免财政分配的风险，同时有利于政府公共职能的实现。

三、财政支出效益分析

（一）如何理解财政支出效益

1.财政支出效益的含义

所谓效益，从经济学的一般意义上讲，是指人们在有目的的实践活动中"所费"和"所得"的对比关系。所费，就是活劳动和物化劳动的消耗和占用；所得，就是有目的的实践活动所取得的有用成果。所谓提高经济效益，就是"少花钱、多办事、办好事"。财政支出效益研究的是财政支出规模多大、怎样的支出结构才能使经济和社会发展最快的问题。财政支出的规模应当适当，结构应当合理，其根本目标就是提高财政支出效益。因此，财政支出效益主要从两个角度考察：①财政支出总量效益，即财政支出在总量上应该多大才合适，如何确定适度的财政支出规模，以促进经济更快发展。这要分析财政支出占 GDP 的比重；②财政支出结构效益，即财政支出项目间的组合效益。

2.财政支出效益与微观经济主体支出效益的比较

财政支出效益和微观经济主体支出效益存在重大差别。

首先，两者计算所费和所得的范围不同。微观经济主体只计算发生在自身范围内的直接的和有形的所费和所得；而政府除要计算直接的和有形的所费和所得外，还要计算长期的、间接的和无形的所费和所得。

其次，两者择优的标准不同。微观经济主体追求的是利润最大化，所选方案要能够带来尽可能大的经济效益；而政府追求的是整个社会的最大效益，不仅要考虑经济效益，还要考虑社会效益，不回避可能的、必要的局部亏损。

最后，两者效益的表现形式不同。微观经济主体支出效益的表现形式单一，即只需采用货币计算的价值形式；而政府财政支出效益的表现形式具有多样化特征，除价值形式以外，还可以通过其他如政治的、社会的、文化的等多种形式表现出来，因此，政府在提高财政支出效益的过程中面临的问题更为复杂。

（二）财政支出效益的评价方法

财政支出项目多种多样，针对不同类别的财政支出项目，就有不同的财政支出效益的评价方法。

1. "成本—效益"分析法

所谓"成本—效益"分析法，就是指针对政府确定的项目目标，提出若干建设方案，详列各种方案的所有预期成本和预期效益，并把它们转换成货币单位，通过比较分析，确定该项目或方案是否可行。采用"成本—效益"分析法的财政支出项目，如生产性投资之类，成本易于衡量，其效益是经济的、有形的，可以用货币计量。

2. 最低费用选择法

最低费用选择法，是指只计算每项备选项目的有形成本，并以成本最低为择优的标准。采用最低费用选择法的财政支出，如行政管理、国防等方面的支出，其成本易于计算，但效益难以衡量，而且通过此类支出所提供的商品或服务，不可能以任何形式进入市场交换。运用这种方法确定最优支出方案，在技术上不难做到，难点在于备选方案的确定，因为所有备选方案应能无差别地实现同一个既定目标，据此再选择费用最低的方案，但要做到这一点是很困难的。

3. 公共定价法

公共定价是指政府相关管理部门通过一定程序和规则制定提供的公共产品的价格和收费标准。采用公共定价法的财政支出项目，成本易于衡量，效益难以计算，但通过这类支出所提供的商品或服务，可以部分或全部地进入市场交易。从定价政策看，公共定价实际上包括两方面：一是纯公共定价，即政府直接制定自然垄断行业（如能源、通信、交通等公用事业和煤、石油、原子能、钢铁等基本品行业）的价格。二是管制定价或价格管制，即政府规定竞争性管制行业（如金融、农业、教育和医药等行业）的价格。政府通过公共定价法，能够提高整个社会资源的配置效率，使这些产品和服务得到最有效的使用，从而提高财政支出的效益。

第四节　购买性与转移性支出

一、购买性支出

购买性支出是政府及其机构在市场上购买商品和劳务，如用于政治、经济、军事、文化和外交活动等方面的支出。按照被购买商品和劳务的消费特征，购买性支出可以分成消费性支出和投资性支出两大类。

（一）财政消费性支出

1. 财政消费性支出的含义

财政消费性支出是购买性支出的一项重要内容。财政消费性支出是指维护政府机构正常运转和政府提供公共服务所需的经费的总称。在财政支出安排上，首先，必须保证这些支出项目必要的支出，这是财政工作的基本职责。财政消费性支出是国家执行政治职能和社会职能的保证。一国政府不仅要为公民提供国家防务和社会安定，还要通过法律、行政和社会管理处理和协调公民之间的相互关系，维系正常的社会关系以及商务关系。其次，随着经济的不断增长，政府还必须保证各项社会事业的相应发展，实现经济社会的可持续发展，扩展社会发展空间，不断提高居民的生活质量。在我国目前的财政支出项目中，属于财政消费性支出的有行政管理支出、国防支出、文教科卫支出以及工交商农等部门费用等。

2. 行政管理支出

（1）行政管理支出的内容

行政管理支出是财政上用于国家各级权力机关、行政管理机关和外事机构行使其职能所需的费用，包括行政管理费、公检法司支出、武装警察部队支出、国家安全支出、外交外事支出和对外援助等。其中，行政管理费包括党政机关经费、行政业务费、干部训练费及其他行政费等；公检法司支出包括各级公安司法检察机关经费、公安司法检察业务费、司法警察学校和公安司法检察干部训练学校经费及其他经费等；武装警察部队支出包括武装警察部队经费、业务费等；国家安全支出包括安全机关经费、安全业务费等；外交外事支出包括驻外机构经费、出国费、外宾招待费和国际组织会费等。行政管理支出按最终用途划分，可分为人员经费和公用经费两部分。人员经费是指用于保证行政人员正常行使其职能的费用支出，包括上述政府权力机关、行政机关和外事机构的工作人员的工资、福利费、离退休人员费用和其他经费；公用经费是指用于保证政府机构正常开展公务而花费的支出，包括公务费、修缮费、业务费和购置费等。

（2）我国行政管理支出的状况

近年来，我国行政管理支出占 GDP 的比重、行政管理支出占财政支出的比重呈逐年上升的趋势。行政管理费的增长，有其合理性。随着社会经济活动日趋复杂、社会交往的规模增大以及"城市化"进程的加快，用于维持秩序的机关的增多以及相应的经费的增长也就不可避免。而国际交往也会随经济发展和外事活动的频繁而逐渐增多，于是，驻外机构的费用、迎来送往的支出也将呈不断增加的趋势。但是，我国在较长时间内政府职能界定不清、政府机构和人员过度膨胀，是导致行政管理支出过多、增速过快的主要原因。

3. 国防支出

（1）我国国防支出的内容

我国的国防支出包括国防费、国防科研事业费、民兵建设费以及用于专项工程和其他方面的支出，按用途可分为维持费和投资费两大部分。维持费主要用于维持军队的稳定和日常活动，提高军队的战备水平，是国防建设的重要物质基础，包括军队人员经费、军事活动维持费、武器装备维修保养费和教育训练费等；投资费主要用于提高军队的武器装备水平，是增强军队战斗力的重要条件，主要包括武器装备的研制费、武器装备的采购费、军事工程建设和国土防空费。

（2）我国国防支出的状况

我国国防支出增长总的趋势是缓慢的。国防支出规模是和同一个时期的国际形势和该国的国防政策直接相关的。我国实施积极防御的军事战略方针，立足于打赢现代技术特别是高技术条件下的局部战争，注重遏制战争的爆发，坚持和发展人民战争思想。我国国防建设的基本目标和任务是：制止分裂，促进统一，防备和抵抗侵略，捍卫国家主权、领土完整和海洋权益；维护国家发展利益，促进经济社会全面、协调、可持续发展，不断增强综合国力；坚持国防建设与经济建设协调发展的方针，建立符合中国国情和适应世界军事发展趋势的现代化国防，提高信息化条件下的防卫作战能力；保障人民群众的政治、经济、文化权益，保持正常的社会秩序和社会的稳定。因此，根据我国的国防政策以及当前的国际形势，确定合理的国防支出规模是必然途径。

4. 文教科卫支出

（1）文教科卫支出的内容

文教科卫支出是文化、教育、科学、卫生支出的简称。此外，文教科卫支出还包括出版、文物、档案、地震、海洋、计划生育等项事业的事业费支出。文教科卫支出按用途不同，可以分为人员经费支出和公用经费支出，它们分别用于文教科卫等单位的人员经费支出和公用经费支出。人员经费支出主要用于文教科卫等单位的工资、补助工资、职工福利费、离退休人员费用、奖学金等开支项目，其中，工资是人员经费支出中最主要的内容。公用经费支出用于解决文教科卫等单位为完成事业计划所需要的各项费用开支。

①教育支出

"百年大计，教育为本"，教育发达程度、教育投入水平常常是衡量一个国家文明程度、一个民族素质的主要标准。从经济性质看，教育一般被看作一种混合产品。然而，教育是分初、中、高几个层次的，而多数国家根据本国经济发展程度，通过宪法对初级教育规定若干年的义务教育。所谓义务教育，是保证公民基本素质的教育，既是每个公民的一种权利，也是每个公民的一种义务，带有强制性。既然是国家通过立法安排的义务教育，每个公民都可以无差别地享受这种教育，那么这种教育服务理所应当由政府来提供和保证，如果政府不能保证义务教育的足够的经费，就应视为政府的失职。从这个角度来看，义务教育是纯公共产品。至于义务教育以外的高层次教育，主要有高等教育、职业教育和成人教育等，则具有两面性。一方面，高层次教育是提高公民素质的教育，可以为国家培养建设人才，从而促进社会经济的发展，因而也属于公共产品范畴。但另一方面，受教育者可以从高层次教育中获得更多、更高的知识和技能，为其将来找到一份较好的职业、获得较高的收入、拥有较多的晋升机会奠定基础。也就是说，个人从高层次教育中得到的利益是内在化和私人化的，而且一些人接受高层次教育，就会减少另一些人接受高层次教育的机会。因此，按照公共产品理论，义务教育以外的高层次教育，不属于纯公共产品，而属于混合产品。教育服务的混合产品性质，决定了教育不能像国防和国家安全一样，完全由政府免费提供，而应该向受教育者部分收费，另外，也可以由私人兴办。

②科研支出

从经济性质来讲，科学研究属于混合产品。科学研究是可以由个人或某一集体去完成的。一般地说，科学研究的成果也可以有偿转让，但有一些情况会使这种买卖十分困难。科学研究是社会共同需要的，但由于一部分科学研究的成果所获得的利益不易通过市场交换与科学研究的成本对应起来，所以，用于那些外部效应较强的科学研究活动（主要是指基础科学研究活动）的经费，应由政府承担，而用于那些可以通过市场交换来充分弥补高成本的科学研究活动（主要是指应用性科学研究活动）的经费，则可由微观主体来承担。

③卫生支出

卫生事业分为公共卫生和医疗。公共卫生产品是具有很大外部效应的纯公共产品，包括安全饮用水、传染病与寄生虫病的防范和病菌传播媒介的控制等。由于这些产品具有非排他性，即不能排除不付费者享受这种服务的利益，因而私人根本不会提供或者不会充分提供。除此之外，公共卫生产品还包括提供卫生防疫和卫生信息一类的活动，而卫生信息是一种具有外部效应和非排他性的公共产品，市场不可能充分提供卫生、免疫、营养以及计划生育等方面的免费服务，因此，政府必须提供公共卫生支出。医疗属于混合产品，可以由政府和市场共同承担。

（2）我国文教科卫支出状况

文教科卫事业的发展与物质财富的生产有着密切的关系，而且其贡献越来越大。文化、教育、科学、卫生事业在现代社会经济发展中发挥着日益重要的作用，各国政府不但投入大量资金，而且支出规模越来越大。我国财政支出的结构变化也充分反映了文教科卫支出份额不断增加的趋势。具体来看，在教育支出方面，近年来，我国教育经费支出规模不断增长。我国科学研究投入虽有较快增长，但与发达国家相比仍存在着较大的差距，与某些科技进步较快的发展中国家相比也有一定的差距。今后，继续增加科技投入并加大鼓励企业增加科技投入的财政政策的力度，仍是制定财政政策的一个重要方向。

（二）财政投资性支出

1.财政投资性支出的含义

财政投资性支出又被称为政府投资支出。政府投资和非政府投资构成社会总投资。

财政投资是指政府为实现经济和社会发展战略，将一部分财政资金转化为公共部门资产的行为和过程。有别于一般财政消费支出，财政当期的投入将带来未来的产出。但政府投资与非政府投资相比，有其显著的特点。

（1）追求的目标不同

非政府投资追求微观上的盈利性，非政府投资是由具有独立法人资格的企业或个人从事的投资，作为商品生产者，他们的目标是追求盈利，而且，他们的盈利是根据自身所能感受到的微观效益和微观成本计算的；而政府投资则追求国民经济的整体效益，由于政府居于宏观调控的主体地位，因此，必须从社会效益和社会成本角度来评价和安排自己的投资。

（2）资金的来源渠道和投资方向不同

企业或个人主要依靠自身的积累和社会筹资来为投资提供资金，一般难以承担规模宏大的建设项目，主要从事周转快、见效快的短期性投资；而政府投资资金来自税收、公债等渠道，财力雄厚，可以投资大型项目和长期项目。

（3）在国民经济中的地位和作用不同

市场经济条件下，投资主要依赖企业，但企业的投资不可能顾及非经济的社会效益，如果完全依靠非政府投资，一国的投资结构就很难优化；而政府却可以从事社会效益好而经济效益一般的投资，可以将投资集中于那些"外部效应"较大的公用设施、能源、通信、交通、农业以及治理大江大河和污染等有关国计民生的产业和领域，从而优化国民经济结构，打破经济发展中的各种"瓶颈"。

2. 基础设施的财政投资

（1）基础设施的含义

基础设施有广义和狭义之分。狭义的基础设施，是指经济社会活动的公共设施，主要包括交通运输、通信、供电、机场、港口、桥梁和城市给排水、供气等。广义的基础设施，除包括狭义的内容外，还包括提供无形产品或服务的科学、文化、教育、卫生等部门。基础设施是支撑一国经济运行的基础部门，它决定着工业、农业、商业等直接生产活动的发展水平。一国的基础设施越发达，该国的国民经济运行就越有效，人民的生活也越便利，生活质量相对来说也就越高。

（2）基础设施财政投资的必要性

马克思曾把生产条件分为共同生产条件和特殊生产条件。与此相对应，他把固定资本也分为两类：一类是以机器的形式直接进入生产过程的固定资本，另一类是具有铁路、建筑物、农业改良、排水设备等形式的固定资本。基础设施与其他产业相比，具有不同的经济意义。从整个生产过程来看，基础设施为整个生产过程提供"共同的生产条件"，具有不可分割性和独占性。

基础设施大都属于资本密集型行业，不但需要大量的资金投入，而且其建设周期比较长，投资形成生产能力和回收投资往往需要许多年，这些特点决定了大型的基础设施很难由个别企业独立投资完成。这也和前面提到的政府投资的特点相适应。

基础设施是位于国民经济上游的部门，其使用消耗构成其他产业的成本，因此，基础设施的价格关系到其他产业的价格。如果基础设施发展得薄弱，成为国民经济的"瓶颈"，就会影响整个国民经济健康、持续、稳定的发展，因此，基础设施的发展离不开政府强有力的支持。

3. 农业的财政投资

（1）农业财政投资的主要内容

①农林、水利、气象等方面的基本建设投资支出

国家财政对农业和农垦部门的基本建设投资，主要包括对国有农场和生产建设农垦区的基本建设投资；对林业的基本建设投资，主要包括建设场房、购买设备、种苗和栽树等费用；对水利的基本建设投资，主要包括根治大江大河，修筑水库、桥梁等基本建设费用；对气象部门的基本建设投资，主要包括建设气象台、站和购买设备等费用。此外，基本建设投资支出还包括对属于上述系统的事业单位的基本建设投资。

②农林企业挖潜改造资金支出

这是指国家财政用在农垦、农牧、农机、林业、水利、水产、气象等方面的挖潜改造资金。

③农林部门科技三项费用

这是指国家财政用于农业、畜牧、农机、林业、水利、水产、气象等部门的新产品试制费、中间试验费和重要科学研究补助费科学技术三项费用。

④农林、水利、气象等部门的事业费支出

这是指国家财政用在农垦、农场、农林、畜牧、农机、林业、水利、水产、气象、乡镇等方面以及农业资源调查和土地管理等方面的事业费。

⑤支援农业生产支出

这是国家财政对农村集体经济单位和农户的各项生产性支出的支援，主要包括小型农田水利和水土保持补助费、支援农村合作生产组织资金、农技推广和植保补助费、农村草场和畜禽保护补助费、农村造林和林木保护补助费、农村水产补助费、农业发展专项资金和发展粮食生产专项资金支出等。

（2）农业财政投资的必要性、范围和重点

农业财政投资有其必要性，因为农业部门自身难以产生足够的积累，生产率较低的现状使其难以承受贷款的负担，更为重要的是，许多农业投资只适宜由政府来进行。一般来说，凡是具有外部效应且规模巨大的农业项目，都应由政府财政投资，具体包括以下两个方面。

①以水利为核心的农业基础设施建设

农业固定资产投资，如治理大江大河的投资、大型水库和各种灌溉工程等的投资，其特点是投资额大、投资期限长、牵涉面广，投资以后产生的效益不但不易分割，而且投资的成本及其效益之间的关系不十分明显。由于具有上述特点，农业固定资产投资不可能由分散的农户独立进行，而应由政府财政投资。

②推动农业技术进步的农业科研活动

农业科研属于基础性科研，具有典型的外部效应。农业科研成果应用于农业生产领域，必须经过推广的程序，为了使农户接受新的生产技术，还需对农户进行宣传、教育和培训。为完成这一系列任务，需要筹集大量资金。农业科研成果将会使运用这项成果的农户受益，也就是说，农业科研单位的研究成果所产生的利益是"外溢"的，但是，进行这项科研活动所需的一切费用却只能由科研单位自己承担。不仅如此，科研活动可能失败，其风险也只能由科研单位独自承担。因此，诸如农业科研、科学技术推广、农户教育之类的对农业发展至关重要的方面的投资，依靠单个的甚至是组织成为较大集体的农户来办是很困难的，因此，这些投资只能由政府来承担。

适宜由农户来承担的投资主要是流动资金投资（如购买农药、化肥、薄膜、除草剂等）以及如农机具及供农户使用的农业设施等固定资产投资。这些投资从规模上看是农户能够承担的，投资后产生的效益也很容易分割，成本与效益的对应关系也比较明显。

二、转移性支出

转移性支出是指财政对居民个人和非公共企业提供的无偿资金支付，在财政支出科目上主要包括社会保障支出、财政补贴、国债利息支出和捐赠支出等，是政府实现公平分配的主要手段。转移性支出远离市场，可以避免对市场运行的直接干扰，同时，转移性支出发生在分配环节，可以直接发挥对低收入阶层的保障作用。因此，市场经济下的各国政府普遍通过转移性支出实现公平职能。

（一）社会保障支出

1. 社会保障制度的含义和内容

社会保障制度是指国家为了帮助其公民克服面临的风险和不确定性因素，而面向所有公民提供基本生活保障的制度。这类不确定性因素主要有年老、残废、疾病、工伤、失业、自然灾害、贫困等。社会保障制度一般包括以下几个方面的内容。

（1）社会保险

社会保险是社会保障制度的核心内容，它所遵循的原则是风险共担，互助互济。社会保险是国家强制实施的交费保险，费用一般由雇主和雇员分担，当支付不足时，由政府财政弥补差额。我国社会保险主要包括养老保险、工伤保险、医疗保险、失业保险、生育保险等不同形式。

（2）社会救济

社会救济是国家财政通过财政拨款，向生活确有困难的城乡居民提供资助的社会保障计划。社会救济只向符合条件的需要者免费发放，如残疾人、儿童、贫困妇女、无依无靠的老人等。我国从国家发展的实际出发，最大限度地对生活困难者实行最低社会保障，对受灾群众进行救济，对城市流浪乞讨人员予以救助，提倡并鼓励开展各种社会互助活动。

（3）社会抚恤

社会抚恤是国家专门向对社会有功人员、有特殊贡献人员提供的特殊津贴。这是一种不需要交费的特殊津贴，费用全部由国家负担，内容主要包括对烈士、伤残军人、因公受伤的政府工作人员或公民等的各种福利开支。我国政府动员社会各方面力量，从保障优抚对象和退役军人的切实利益出发，不断完善各项优抚安置制度，提高优抚对象的保障水平，推进退役军人安置管理的法治化、制度化建设，维护优抚安置对象的合法权益。

（4）社会福利

社会福利是指对特定的社会成员的优待和提供的福利。我国政府积极推进社会福利事业的发展，通过多种渠道筹集资金，为老年人、孤儿和残疾人等群体提供社会福利。

2. 社会保障资金的筹措

社会保障制度的内容不同，其资金筹集的手段也各不相同。

（1）社会救助、社会福利、社会优抚类的资金筹集

这几类保障项目所要保障的风险具有一定的偶然性和特殊性，不是每一个社会成员在一生中都会遇到的，其资金的需要量没有一定的规律，且数量相对较少，而且接受资助的社会成员要么无力缴纳社会保障费用，要么无须缴纳相关费用。鉴于此，此类保障项目不需要建立专门的资金筹措制度，其资金直接来自政府的一般税收收入，而支出项目则列入政府的一般经费预算，并通过政府的有关管理部门将补助金转移到受助人手中。

（2）社会保险资金的筹措

社会保险的保障相比其他保障更具有普遍性，其所保障的主要风险几乎是每一个社会成员都会遭遇到的，故社会保险费用具有数量大、支出有规律性的特点，这就要求社会保险项目一定要有广泛而稳定的资金来源。其主要形式有以下四种。

①基金积累制

基金积累制是采用预筹积累方式来筹集资金，在若干年里，按规定的一定比例逐年逐月缴纳而积累形成的。其基本原则是事先提留、逐年积累、到期使用。其具体办

法是采用个人账户，在社会保障机制中引入激励机制，即谁积累谁受益、多积累多收益。由于个人账户产权清晰，可以调动人们进行积累和劳动的积极性，从而避免了"吃大锅饭"的弊端。基金积累制筹资模式具有费率高、对应性强、能形成预筹资金、不存在支付危机的特点。但其面临如何使预筹基金免受通货膨胀的威胁和不断保值增值的问题。同时，采用个人账户方式预筹积累，必然要对庞大的信息系统进行管理，这就对管理人员的素质和科技水平提出了较高的要求。

②现收现付制

当年筹集的保险资金只用于满足当年支出的需要，而不为以后年度的社会保险储备基金。也就是说，现收现付制是在职的一代赡养已退休的上一代、在职的交费直接用于支付当期退休者的退休金。这种制度有利于低收入者，同时由于基金实行现收现付，不会出现基金积累受经济波动的影响而使退休金遭遇损失。但是，由于人口老龄化问题，它给政府带来的财政压力将越来越大。

③社会保险税

社会保险税是为筹集特定的社会保险款项，对一切发生工薪收入的雇主、雇员，以其支付、取得的工资、薪金收入为课税对象而征收的一种税。该税借助税收的强制性、固定性来筹集社会保险资金，使其具有稳定、可靠的来源，有利于统一管理、提高社会保障的社会化程度。

④混合制

混合制是指根据社会保障内容的不同特征，资金的筹集一部分采用基金积累制方式，另一部分采用社会保险税方式，其特点是在一定程度上可以尽量避免单一实行上述两种筹资方式的缺点。但采用混合制有可能造成社会成本的提高，即既要有一部分人来从事社会保险税的征收和分配，又要有一部分人去管理个人账户的业务。这无疑将消耗更多的资源来实现特定水准的社会保险目标，从而会增大成本开支。

（二）财政补贴

1.财政补贴的含义和分类

（1）财政补贴的含义

财政补贴是一种影响相对价格结构，从而可以改变资源配置结构、供给结构和需求结构的政府无偿支出。财政补贴总与相对价格的变动联系在一起，要么是财政补贴引起价格变动，要么是价格变动导致财政补贴，因此，财政补贴也被称为价格补贴。

（2）财政补贴的分类

财政补贴可以分为以下几种。

①物价补贴

物价补贴是国家为了弥补因价格体制或政策原因，导致人民生活水平降低或企业利润减少而支付的补贴。比如，当市场价格过低、农民增产不增收时，政府为保护农民利益，按保护价敞开收购粮食，实行的就是农产品物价补贴。实行物价补贴后，农产品的相对价格提高了，能够保证农民的收入，有利于农业的发展。

②企业亏损补贴

企业亏损补贴是国家对一些政策性亏损的国有企业给予的补贴，以维持企业的生产经营。如在我国，按规定生产低利或亏损产品、技术设备落后、供销条件不利的国有企业可享受企业亏损补贴。

③财政贴息

财政贴息是国家对企业的某些用于规定用途的银行贷款，并就其支付的贷款利息提供的补贴。

④税式支出

税式支出是指国家财政对某些纳税人和课税对象给予的税收优惠，包括减税、免税、退税、税收抵免等。税收优惠从表现上看是减少国家的财政收入，但究其实质是国家给享受税收优惠纳税人的一种补贴，在功能和效果上都是在执行国家的支出计划，类似于国家的财政支出。

⑤进出口补贴

进口补贴是国家为体现产业政策，给予进口国家急需产品的进口商的一种补贴；出口补贴是国家为降低出口商品的成本和价格，提高商品在国际市场上的竞争力，给予出口商和出口商品生产者的补贴。

2.财政补贴的作用

财政补贴具有双重作用。一方面，财政补贴是国家调节国民经济和社会生活的重要杠杆。运用财政补贴特别是价格补贴，能够保持市场销售价格的基本稳定；保证城乡居民的基本生活水平；有利于合理分配国民收入；有利于合理利用和开发资源。另一方面，补贴范围过广，项目过多也会扭曲比价关系，削弱价格作为经济杠杆的作用，妨碍正确核算成本和效益，掩盖企业的经营性亏损，不利于促使企业改善经营管理；如果补贴数额过大，超越国家财力所能，就会造成国家财政的沉重负担，影响经济建设规模，阻滞经济发展速度。

（三）税式支出

1.税式支出的含义和分类

税式支出是对基准税制的一种偏离方式，且这种偏离减少了政府收入或构成政府的支出。简单来说，税式支出是指国家财政对某些纳税人和课税对象给予的税收优惠。

从其所发挥的作用来看，税式支出可分为照顾性税式支出和刺激性税式支出。照顾性税式支出，主要是针对纳税人由于客观原因在生产经营上发生临时困难而无力纳税所采取的照顾性措施。例如，国有企业由于受到扭曲的价格等因素的干扰造成政策性亏损，或纳税人由于自然灾害造成暂时性的财务困难，政府除用预算手段直接给予财政补贴外，还可以采取税式支出的办法，减少或免除这类纳税人的纳税义务。这类税式支出，目的在于扶植国家希望发展的亏损或微利企业以及外贸企业，以求国民经济各部门的发展保持基本平衡。但是，需要特别注意的是，在采取这种财政补贴性质的税式支出时，必须严格区分经营性亏损和政策性亏损，要尽可能地避免用税式支出的手段去支持因主观经营管理不善所造成的财务困难。刺激性税式支出，主要是指用来改善资源配置、提高经济效益的特殊减免规定，主要目的在于正确引导产业结构、产品结构、进出口结构以及市场供求，促进纳税人开发新产品、新技术以及积极安排劳动就业等。这类税式支出是税收优惠政策的主要方面，税收调节经济的杠杆作用也主要表现于此，如我国对高新技术企业的税收优惠措施等。

2. 税式支出的形式

（1）税收豁免

这是指在一定期间内，对纳税人的某些所得项目或所得来源不予纳税，或将其某些活动不列入纳税范围等，以豁免其税收负担。至于豁免期和豁免税收项目，应视当时的经济环境和政策而定。例如，我国现行税制规定，对个人的国债利息免征个人所得税。

（2）纳税扣除

这是指准许企业把一些合乎规定的特殊支出，以一定的比率或全部从应税所得中扣除，以减轻其税负，如我国现行税制中在计算企业所得税时对公益性捐赠的扣除规定。

（3）税收抵免

这是指允许纳税人把某种合乎奖励规定的支出，以一定比率从其应纳税额中扣除，以减轻其税负，其主要形式有两种，即投资抵免和国外税收抵免。

①投资抵免

投资抵免因其性质类似于政府对私人投资的一种补助，故亦称之为投资津贴。投资抵免是指政府规定凡对可折旧性资产投资者，其可在当年应付公司所得税税额中，扣除相当于新投资设备某一比率的税额，以减轻其税负，借以促进资本形成并增强经济增长的潜力。通常，投资抵免是鼓励投资以刺激经济复苏的短期税收措施。

②国外税收抵免

国外税收抵免常见于国际税收业务中，即纳税人在居住国汇总计算国外的收入所得税时，准予扣除其在国外的已纳税款。国外税收抵免与投资抵免的主要区别在于，前者是为了避免国际双重征税，使纳税人的税收负担公平；后者是为了刺激投资，促进国民经济的增长与发展，它恰恰是通过造成纳税人的税收负担不平等来实现的。

（4）优惠税率

这是指对合乎规定的企业课以较一般企业更低的税率。这种方法，既可以是有期限的限制，也可以是长期优待。

（5）延期纳税

这是指允许纳税人对那些合乎规定的税收，延期缴纳或分期缴纳其应负担的税额。延期纳税，等于使纳税人得到一笔无息贷款，能在一定程度上帮助纳税人解除财务上的困难。采取这种办法，政府的负担也较轻微，因为政府只是延后征税而已，充其量只是损失一点利息。

（6）盈亏相抵

这是指准许企业以某一年度的盈余，弥补以前年度的亏损，以减少其以后年度的应纳税款；或是冲抵以前年度的盈余，申请退还以前年度已纳的部分税款。一般而言，盈亏相抵是有一定的时间限制的，如我国现行税制规定计算企业所得税时盈亏相抵的年限是 5 年。

（7）加速折旧

这是指在固定资产使用年限的初期提列较多的折旧。采用这种折旧方法，可以在固定资产的使用年限内早一些得到折旧费和减免税的税款。加速折旧可在固定资产使用年限的初期计提较大的折旧，但由于折旧累计的总额不能超过固定资产的可折旧成本，所以，其总折旧额并不会比一般折旧高。折旧是企业的一项费用，折旧额越大，企业的应纳税所得额越小，税负就越轻。从总数上看，加速折旧并不能减轻企业的税负，政府在税收上似乎也没损失什么。但是，由于企业后期所提的折旧额大大小于前期，故税负较重。对企业来说，虽然总税负未变，但税负前轻后重，有税收递延缴纳之利，亦同政府给予一笔无息贷款之效；对政府而言，在一定时期内，虽然来自这方面的总税收收入未变，但税收收入前少后多，有收入迟滞之弊，政府损失了一部分收入的"时间价值"。因此，这种方式同延期纳税方式一样，都是税式支出的特殊形式。

（8）退税

这是指国家按规定对纳税人已纳税款的退还。退税的情况有很多，诸如多征、误征的税款，按规定提取的地方附加，按规定提取代征手续费等方面的退税，这些退税都属于"正规税制结构"范围。作为税式支出形式的退税是指优惠退税，是国家为鼓励纳税人从事或扩大某种经济活动而给予的税款退还，其包括两种形式：出口退税和再投资退税。出口退税是指为鼓励出口而给予纳税人的税款退还，一是退还进口税，即用进口原料或半制成品加工制成成品后，出口时退还其已纳的进口税；二是退还已纳的国内销售税、消费税、增值税等。再投资退税是指为鼓励投资者将分得的利润进行再投资，而退还纳税人再投资部分的已纳税款。

第三章　财政的预算

第一节　财政预算的理论

一、财政预算的概念

在社会经济诸项活动中，编制和执行预算是一种比较常见的管理资源的方法。一定时期内家庭生活支出的计划安排就是预算，企业的财务收支计划也是预算。不过，上述预算都是广义上的私人部门的预算。

财政预算又称为公共预算或公共部门预算，是一国具有法律效力的基本财政收支计划。财政预算具体规定了计划年度内政府财政收支指标及其平衡状况，反映计划年度内政府财政资金的规模、来源以及财政资金的去向和用途，体现了以政府为主体的分配关系，是政府调节经济的重要手段，其主要包括以下几点。

（一）财政预算是政府的年度财政收支计划

财政预算反映年度财政收支的规模和结构，反映一定时期政府财政收支的具体来源与方向。

（二）财政预算是政府具有法律效力的文件

财政预算的级次划分、收支内容和管理职权等是预算法所规定的，预算的编制、执行和决算的过程是在预算法的规范下进行的，预算（草案）要经立法机关审批后才能公布与实施。

（三）财政预算是政府调节经济的重要手段

在市场经济条件下，当市场难以保持自身均衡发展时，政府可以根据市场运行状况进行调节，以保持社会经济的稳定增长。

二、财政预算的特点

单从形式上看，财政预算与私人部门预算并没有什么区别，都是对未来一定时期内所需资源量以及可能取得的资源量进行的预算和安排。但是，与家庭和企业这样的私人部门相比，财政预算具有以下特点。

（一）综合性

财政预算的内容决定了它能综合反映一国经济、社会的发展情况。预算的收支都牵动着国民经济、社会事业的发展。国民经济各部门的经营效益和积累水平，社会事业的建设规模和发展速度，都可以从其向财政预算提供的收入和安排的预算支出中反映出来。此外，财政预算能综合反映一国各级政权的资金集中情况，反映着各级政权财力、财权的大小。

（二）法律性

财政预算经国家权力机关批准后方可实施，是具有法律效力的文件。我国规定，全国财政预算须经全国人民代表大会批准，地方各级财政预算须经同级人民代表大会批准。各级政府都必须严格执行财政预算，若要追加、追减，也必须经人民代表大会批准。

（三）计划性

财政预算本身就是一个计划。在执行过程中，各级政府要有计划地组织收入、安排支出，以保证国民经济协调、稳定地发展。

三、财政预算的功能

（一）控制政府规模

政府是由一定的组织机构所组成的，而组织机构的主体是人。公共权力的扩大必然导致公共机构的膨胀及财政支出的无限增加。面对政府财政支出规模的扩张，人们设计出各种各样的制度进行控制，财政预算就是控制公共支出增长的有效手段。首先，政府要把其所有活动以及进行这些活动所需经费全部记录在案并纳入计划。其次，财政预算必须经过立法机构批准和审议才可生效。因此，政府的活动和支出被置于国民的监督之下，公众对小规模低成本政府的向往也就有可能得以实现。

（二）促进宏观经济的平衡

财政预算作为政府的基本财政收支计划，在稳定宏观经济和促进宏观经济发展方面发挥着巨大的作用。政府可以运用财政预算影响供求的总量和结构，保证总供给和总需求的平衡，进而保证宏观经济平稳运行。

（三）有利于立法机关和社会成员对政府收支的监督

财政收入，不论形式如何，都来自社会成员的缴纳；财政支出，不管用于何处，都应该满足社会公共需要；财政赤字所产生的成本和收益，最终都落在社会成员的身上。正因为财政收支的方方面面都同社会成员的切身利益息息相关，所以，全体社会成员有权关注和监督财政收支运作的情况，而财政预算为立法机关和全体社会成员监督政府收支提供了一条很好的途径。

（四）有利于提高社会福利水平

政府通过财政预算筹集资金、安排支出，其目的在于提高社会福利水平。根据福利经济学的基本原理，由于存在市场失灵，市场不能达到资源配置的最优和社会福利的最大化。财政预算作为弥补市场失灵的重要手段，通过其收支组织和安排，可提高资源配置效率、促进社会分配公平，有助于实现社会福利的最大化。

四、财政预算的本质

财政预算的本质是什么，学术界有不同的观点，归纳起来有费用论和报酬论两种观点，不同的观点对政府在预算管理中的作用和看法也不同，相应的预算政策也不同。

（一）费用论

费用论也被称为成本论，财政预算是实现公共服务的一种成本或投入，即公共服务费用，财政是政府资金供给的专门机构，或者称为"总账房"，其任务是为行政事业单位提供资金。

按照费用论的观点，财政之所以向行政事业单位提供资金，目的是维持政府的存在，或者说财政预算是维持政府存在的费用，至于政府各部门干什么，则不在财政视野范围之内。

既然财政预算的目标是维持政府的存在，那么财政预算的分配应当首先考虑人员经费，即保证各行政事业单位的存在，其次才是办事，这叫作"先吃饭、后办事"。因此，保障行政事业单位的人员经费是财政的基本任务，至于建设经费，则要根据财力来安排。

由于财政保障作用是在各部门的业务活动过程中发生的，因此，财政部门必须参与到各部门的业务活动中去，即参与过程管理。由于费用论强调的是财政的投入和保证作用，因此也被称为"投入预算"。

为了保障政府机构的供给，加强管理，财政预算应当按管理要素来编制，如工资、补助工资、公务费、购置费等。在财政资金困难的时候，应当先保证工资、公务费等支出。

（二）报酬论

报酬论亦被称为购买论，这一理论是以社会上存在着公共部门和私人部门，两者之间发生着商品和劳务的交换，即以商品和劳务的交换关系为前提。报酬论的基本观点有税收是政府的价格和财政预算是购买各项具体公共产品的价格两个。

报酬论认为，社会两大部门，即公共部门和私人部门的关系本质上是经济关系。税收从表面上看是私人部门向公共部门的无偿支付，但实际上是私人部门购买政府部门劳务的付费，即价格。如果私人部门支付的税收较低，则表示购买的公共产品是廉价的，因此被称为"廉价政府"；反之，如果这种付费很高，则被称为"高价政府"。

既然财政拨款是一种购买行为，就有一个价格问题，这一价格应当由供求来决定。这就是说，公共产品也有一个供给和需求问题。因此，可用供求曲线来表示公共产品的成本和需求，如果政府提供的公共产品价格过高，需求就会减少。为此财政预算必须同时考虑三个问题：一是要购买哪些公共产品，二是政府出什么价钱来购买，三是社会能从这些公共产品的消费中获得多大的利益，即政府支出的效果是什么、有多大。

第二节　财政预算的程序

财政预算程序是指从财政预算从编制、审批到决算的基本步骤，我国财政预算程序分为财政预算的编制、审查、批准、执行。

一、财政预算的编制

（一）预算编制前的准备工作

为了及时、准确地编制预算，在财政预算编制之前，必须做好一系列准备工作：对本年度预算执行情况进行预计和分析；拟定下年度预算收支控制指标；颁发编制预算草案的指示及具体规定；修订预算科目及预算表格。

随着预算管理制度和预算收支内容的变化，在每年编制预算前要对财政预算收支科目和表格进行修订。

财政预算收支科目是财政预算收支的总分类，它系统地反映财政预算的收入来源构成和财政预算支出的部门和用途。财政预算是编制预算，办理缴拨款，进行会计核算、财务分析及进行财政统计的工具。

预算表格是预算指标体系的表现形式，把预算数字和有关资料科学地安排在预算表格中，可以清楚地反映财政预算的全部内容。从种类和内容上看，预算表格分为三种。

1. 收支表

这是最基本的预算表格，可以说明收支规模、收入来源及支出去向。收支表分为汇总表和明细表两种。

2. 基本数字表

这是用来表现预算单位的事业及业务活动各项指标的表格，根据它可以编制有关预算支出，制定和修改定额、开支标准，以及检查预算支出是否同业务计划相一致。

3.收支明细核算表

这是用来说明某些收支科目的具体核算过程和根据的表格，通过该表可使预算收支进一步明确化。

（二）财政预算的编制程序

我国财政预算的编制遵循从单位预算到总预算的编制，并按照"自上而下"与"自下而上"相结合的程序，汇总形成各级财政预算。其中，"自上而下"是国务院每年及时下达关于编制下一年预算草案的通知，由国务院财政部门部署编制预算草案的具体事项。"自下而上"是指各级政府应当按照国务院规定的时间，将本级总预算草案汇总到上级政府，并由地方政府报送国务院汇总。

部门单位预算采用的是汇总预算，是由基层预算单位编制，逐级审核汇总形成的。具体编制的时候，由单位根据本单位承担的工作任务、部门发展规划以及年度工作计划测算编制，经逐级上报、审核并按单位或部门汇总形成部门单位预算。部门预算单位编制预算的流程是部门或单位编制和上报部门预算的建议数，根据预算控制数编制和上报部门预算。其程序为基层单位编报预算并上报到二级单位，由二级单位汇总预算数并上报到一级部门，一级部门汇总预算数后上报财政部门，由财政部门进行审核。

二、财政预算的审查和批准

（一）国外对财政预算的审查和批准

世界各国批准预算的权力归属于立法机关，立法机关对预算草案有修改和否定的权力，但各国立法机关修改预算的法定权力并不相同，大体有以下三种模式。

1.权力无约束型

立法机关有能力在每个方向上变更预算支出和预算收入，而无须得到行政部门同意。

2.权力受约束型

立法机关修改预算的权力通常与"最多增加多少支出或减少多少收入"相联系。权力受约束的程度因国而异，如在英国、法国等国家，议会不能提议增加财政支出，权力受约束的程度较高。相比之下，德国允许此类修改，但须得到行政部门的同意。

3.平衡权力型

在此模式下，只有在必须采取相应措施维持预算平衡的前提下，立法机关才可以增减支出或收入，这种预算调节性的制度安排，把立法机关对预算管理的影响集中于资源配置目标上。

（二）我国对财政预算的审查和批准

就我国的情况看，财政预算的审查主体是各级人民代表大会。中央预算由全国人民代表大会审查和批准；地方预算由本级人民代表大会审查和批准。具体来讲，通常需要经过以下阶段。

1. 财政部对财政预算草案的审核

中央政府的财政预算草案由财政部负责编制，全国的财政预算草案由财政部汇编。财政部在编制中央政府的财政预算草案和汇总地方总预算草案之前，必须对各主管部门上报的部门预算以及各省、自治区、直辖市上报的总预算进行审核，以保证预算符合党的方针政策。财政部在审核的过程中，应进行详细的核算，如发现差错或有不同意见，应通知有关部门和地区进行修改或协商解决，及时进行处理。财政部将中央预算草案和地方各级预算草案汇编成全国预算草案后，附编制预算草案的文字说明书，上报国务院核准后，提交全国人民代表大会批准。

2. 各级人民代表大会对财政预算草案的审核和批准

各级人民代表大会对财政预算草案的审查和批准分为初审阶段和批准阶段。初审是指在召开人民代表大会之前，由全国人民代表大会财经委员或地方地方人民代表大会常务委员会有关的专门委员会对预算草案的主要内容进行初步审查。审查批准阶段首先由国务院向全国人民代表大会作关于中央和地方预算草案的报告，提请人民代表大会审议。在此期间，全国人民代表大会财经委员要作关于中央预算草案审查结果的报告，提请大会讨论审查。经审查通过报告以后，大会做出批准中央预算的决议。如果做出修改预算的决议，国务院应据此对原中央预算进行修改和调整。

地方预算草案由本级人民代表大会审查批准，即由地方各级政府在本级人民代表大会举行会议期间，向大会做出关于本级总预算草案的报告，经过讨论审查，批准本级预算。

各级预算经各级人民代表大会批准后，财政部门应及时办理批复手续。地方各级政府应当及时将本级人民代表大会批准的本级预算及下一级政府报送备案的预算汇总后，报上一级政府备案，并将下一级政府报送备案的预算汇总后，报本级人民代表大会常务委员会备案。国务院将省、自治区、直辖市报送备案的预算汇总后，报全国人民代表大会常务委员会备案。

三、财政预算的执行

（一）财政预算执行的特点

财政预算执行不仅确保预算收支任务的完成，而且更有利于社会经济正常运行和进一步培养财源，其主要特点如下。

1. 预算执行是一项经常性工作

从整个预算管理流程看，预算和决算是编制工作，一般在时间上相对集中。而预算收支的执行工作，则是从财政年度开始到结束，是每天都要进行的一项经常性工作。

2. 预算执行是预算各项收支任务的中心环节

政府的目标是根据当时国家的政治形势和国民经济与社会发展计划制定的，但制定并不意味着能够实现。要实现所制定的目标，就必须依靠全国各地、各部门、各单位进行大量的、细致的执行工作，才能达到预期目标，所以，预算执行是预算各项收支任务的中心环节。

（二）财政预算执行的依据

财政预算执行中最重要、最直接的依据是经过法定程序批准的预算。经立法机关批准的预算具有法律约束力，这就要求预算执行部门严格按照批准的预算执行，增强预算的严肃性，使各部门预算执行数与预算授权数相符，并且只能用于预算确定的项目，对违反预算执行的行为要严格按照相关法律法规进行惩处。

（三）财政预算执行的基本任务

1. 良好的预算支出控制

对预算支出加以控制，实际上是要保证在执行政府支出预算的过程中严格遵守财经纪律的问题。这就需要建立完整的预算及拨款会计系统、人事管理系统，为保证预算支出的正确执行提供技术保障。

2. 良好的预算收入控制

对预算收入加以控制应该重点考虑以下两个方面。一是建立健全税费征收管理制度与征收管理程序，如税收征管法、政府定价制度及定价程序。二是加强预算收入过程的监督。在收入预算的执行过程中，必须依据有关的法律法规和规章制度，进行预算收入的过程控制，避免发生不正当的税收行为，及时纠正预算收入执行过程中的偏差。

3. 加强预算管理执行的监督

在预算执行过程中应按照有关的法律、法规和制度规定，对预算资金筹集、分配和使用过程中的各种活动加以控制。纠正预算执行过程中出现的偏差，及时、有效地监督各预算执行单位遵守财经纪律，以保证预算有效、正确地执行。

（四）预算执行机构与职权

财政预算一经批准，就进入预算的执行阶段。我国宪法明确规定国务院和地方各级人民政府为财政预算的执行机构。具体工作由各级财政部门负责，税收、海关、"国家金库"为参与机构。在我国，"国家金库"是由中国人民银行代理的。

1. 领导机关及其职权

政府是财政预算执行的组织和领导机构。根据《中华人民共和国预算法》规定，各级预算由本级人民政府组织进行。

国务院在预算执行中的职权为国务院编制中央预算、决算草案；向全国人民代表大会作关于中央和地方预算草案的报告；将省、自治区、直辖市政府报送备案的预算汇总后报全国人民代表大会常务委员会备案；组织中央和地方预算的执行；决定中央预算预备费的动用；编制中央预算调整方案；监督中央各部门和地方政府的预算执行；改变或者撤销中央各部门和地方政府关于预算、决算的不适当的决定、命令；向全国人民代表大会、全国人民代表大会常务委员会报告中央和地方预算的执行情况。

县级以上地方各级政府在预算执行中的职权为县级以上地方各级政府编制本级预算、决算草案；向本级人民代表大会作关于本级总预算草案的报告；将下一级政府报送备案的预算汇总后报本级人民代表大会常务委员会备案；组织本级总预算的执行；决定本级预算预备费的动用；编制本级预算的调整方案；监督本级各部门和下级政府的预算执行；改变或者撤销本级各部门和下级政府关于预算、决算的不适当的决定、命令；向本级人民代表大会、本级人民代表大会常务委员会报告本级总预算的执行情况。乡、民族乡、镇政府编制本级预算、决算草案；向本级人民代表大会作关于本级预算草案的报告；组织本级预算的执行；决定本级预算预备费的动用；编制本级预算的调整方案；向本级人民代表大会报告本级预算的执行情况。

2. 管理机构及其职权

财政部门是管理机构，其职权如下。国务院财政部门具体编制中央预算、决算草案；具体组织中央和地方预算的执行；提出中央预算预备费动用方案；具体编制中央预算的调整方案；定期向国务院报告中央和地方预算的执行情况。

地方各级政府财政部门具体编制本级预算、决算草案；具体组织本级总预算的执行；提出本级预算预备费动用方案；具体编制本级预算的调整方案；定期向本级政府和上一级政府财政部门报告本级总预算的执行情况。

（五）财政预算调整

1. 财政预算调整的含义

一般认为，财政预算调整是指预算执行过程中因发生重大变化而需要改变原预算安排的行为。

2. 财政预算调整的要求

经全国人民代表大会批准的中央预算和经地方各级人民代表大会批准的地方预算，在执行中出现下列情况之一的，应当进行预算调整：一是需要增加或减少预算总支出的，二是需要调入预算稳定调节基金的，三是需要调减预算安排的重点支出数额的，四是需要增加举借债务数额的。

3.财政预算调整的审批

中央预算调整的方案就提请全国人民代表大会审查和批准，县级以上地方预算的调整方案应提请本级人民代表大会审查和批准；乡、民族乡、镇级预算调整方案应当提请本级人民代表大会审查和批准。

经批准的预算调整方案，各级政府应严格执行。未经预算法规定的程序，各级政府不得做出预算调整的决定，对违反上述规定做出的决定，本级人民代表大会、本级人民代表大会常务委员会或上级政府应责令其改变或撤销。

四、财政决算

（一）财政决算的概念

财政决算是指各级政府各部门、各预算单位编制的经法定程序审查和批准的预算收支年度执行结果。

决算反映了预算收支的最终结果，也是国家经济活动在财政上的集中反映。决算收入表明财政收入的资金来源、构成；决算支出体现了国家各项经济建设和社会发展事业的规模和速度。

（二）编制决算的意义

1.决算是国家、地方国民经济和社会发展情况在财政上的集中表现体现了一年来政府活动的范围和方向以及全面小康建设的成果和进程。国家财政决算和地方财政决算的公布，可以使广大群众了解国家和本地区的各项财政经济活动以及各项建设事业取得的成就，从而进一步鼓舞人民建设社会主义的积极性和创造性。

2.决算是研究制定或者修订国家和地方财政经济政策的基础资料

通过决算的编制和分析，可以从预算资金的分配和使用方面总结贯彻执行党和国家方针政策的情况，了解存在的问题，以便进一步研究和调整国家的财政经济政策。

3.编制决算是做好下年预算管理工作的基础

决算是预算执行结果的总结，通过编制决算，可以看出年度预算及各项预算管理制度的执行情况，通过对这些情况进行分析研究，可以探索出一些有关预算管理活动的规律，从而使下年预算建立在更加可靠的基础上，使预算管理制度更加符合客观实际。

4.决算资料是财政统计资料的重要来源

通过编制决算，可以系统地整理出预算执行的最终实际数字，这些数字是财政统计资料的重要来源，是进行财政科学研究的重要依据。

（三）编制财政决算的准备工作

编制财政决算是一项极其复杂细致的工作，因此，要编好决算，必须做好一系列准备工作。

1. 制发决算编审办法

每年第四季度，财政部要在总结上年决算编审工作的基础上，根据当年预算执行的情况，制发决算编审办法。

2. 制发决算表格

每年第四季度，财政部在制发决算编审办法的同时，还制发各种决算的统一表格。决算表格按照预算财务系统划分，可分为财政总决算表格、事业行政单位决算表格、企业财务决算表格和基本建设财务决算表格。

3. 制发中央财政与地方财政的年终结算办法

中央财政与地方财政的年终结算，主要是明确当年有哪些结算事项及如何结算。实行分税制财政管理体制后，中央与地方的年终结算事项包括税收返还结算、体制上解结算、体制补助结算、定额结算、其他结算。

4. 组织年终清理核实

搞好年终清理工作，是保证决算数字准确、内容完整、编报及时的重要条件，也是编好决算的重要环节。各级财政部门和行政事业单位、企业单位、基本建设单位，年终要对预算收支、会计科目、财产物资等进行一次全面的核对、结算和清查。通过年终清理，保证各级财政总决算、基本建设财务决算、金库年报、税收年报等有关决算收支数字相符。

（四）决算的编制

1. 决算的编制要求

各级政府各部门、各预算单位在预算年度终了后，应按规定的时间编制决算草案。编制决算草案必须做到收支数额准确、内容完整、报送及时。财政部应在每年第四季度部署编制决算草案的原则、要求、方法和报送期限，制发中央各部门决算、地方决算及其他有关决算的报表格式。

县级以上财政部门应根据财政部的要求。安排编制本级政府各部门和下级财政决算草案编制的原则、要求、方法和报送日期，并制发本级政府各部门决算、下级财政决算及其他有关决算的报表格式等。各部门应审核所属各单位的决算草案，汇总编制本部门的决算草案，并在规定期限内报送本级政府财政部门审核。

2. 决算的编制程序

财政决算的编制，要从执行预算的基层单位开始，自下而上地进行编制、审核和汇总。

首先，在年度终了后，各基层单位按照财政部门下达的有关规定和要求，准确、及时地编制单位决算，经逐级汇总上报，由各主管部门将汇总单位决算报送同级财政部门，由财政部门汇编总决算。

其次，各级财政部门将同级主管部门报送的汇总单位决算进行审核后，连同本级财政决算一起汇编成总决算。

（五）决算的审查和批准

国务院财政部门编制中央决算草案，报国务院审定后，由国务院提请全国人大常务委员会审查批准；县级以上地方各级政府财政部门编制本级决算草案，提请本级政府审定后由本级政府提请本级人大常务委员会审查批准；乡镇级政府编制本级决算草案，提请本级人大审查批准。对于年度预算执行中上下级财政之间按照规定需要清算的事项，应当在决算时办理结算。

各级财政决算经审查批准后，财政部门应自批准之日起 20 日内，向本级各部门批复决算；各部门应自本级财政部门批复本部门决算之日起 15 日内，向所属各单位批复决算；地方各级政府应将批准的决算及下一级政府上报备案的决算汇总后，报本级人民代表大会常务委员会备案。

第三节　财政预算的制度

一、部门预算

（一）部门预算的含义

通俗地说，部门预算就是一个部门一本预算。根据国际经验，部门预算由政府各部门编制、经财政部门审核后由议会（我国为人民代表大会）审查通过的反映部门所有收入和支出的预算。

我国部门预算改革中所谓的"部门"具有特定含义，其是指那些与财政直接发生经费领拨关系的一级预算会计单位。具体而言，根据中央政府部门预算改革中有关基本支出和项目支出试行单位范围的说明，部门预算改革中所指"部门"应包括以下三类。一是开支行政管理费的部门，包括人大、政协、政府机关、共产党机关、社团机关。二是公检法司部门。三是依照公务员管理的事业单位，如气象局、地震局等。

（二）部门预算的改革内容

1.部门预算编制的范围

部门预算体现"大收入、大支出"的原则，涵盖了部门或单位所有的收入和支出，既包括预算内资金收支，也包括各项预算外资金收支，收支信息做到了全面、细致、具体。部门预算既包括一般预算收支，也包括政府性基金预算收支。

一般预算收入是指部门及所属事业单位取得的财政拨款、行政单位预算外资金、事业收入、事业单位的经营收入、其他收入等。一般预算支出是指部门及所属事业单位的基本建设支出、科技三项费用、行政管理费、社会保障支出等。

基金预算收入是指部门按照国家规定取得并纳入预算管理的基金收入，基金预算支出是指部门按照国家规定从纳入预算管理的基金中开支的各项支出。

2. 部门预算编制的程序

部门预算采用的是汇总预算，它是由基层预算单位编制、逐级审核汇总形成的。具体编制的时候，由基层单位根据本单位的工作任务、部门发展规划以及年度工作计划测算编制，经逐级上报、审核并按单位或部门汇总形成。具体而言是采取"两上两下"的编制程序。

"一上"是指部门提出预算建议数。编报部门预算要从基层预算单位编起，由一级预算单位审核汇总，并提出本部门预算建议数，上报财政部门。

"一下"是指财政部门下达预算控制数。对各部门上报的预算建议数，财政部门和有预算分配权的宏观管理部门分别进行审核，提出初步分配意见，由财政部门统一平衡，报经省政府批准后，向各部门下达预算控制限额。

"二上"是各部门上报预算草案。各部门根据财政部门下达的预算控制限额，进一步细化预算编制，最后形成本部门预算草案，报送财政部门和有预算分配权的宏观管理部门，分别进行审核后由财政部门汇总编制成预算草案和部门预算，报经省级政府审定后，提交本级人民代表大会审议。

"二下"是财政部门统一批复预算。在人民代表大会批准预算草案后的一个月内，财政部门统一向各部门批复预算，各部门在财政部门批复本部门预算之日起的 15 日内，批复所属各单位预算，并负责具体执行。

（三）部门预算的功能

1. 强化了财政预算的归一性

部门预算统管各级政府收支，它既包括了财政预算内收支，也包括预算外和其他收支；既包括政府一般预算，也包括政府性基金预算；既包括部门本级预算，也包括下级预算单位汇总预算；既包括行政单位预算，也包括事业单位预算。这就相对完整地反映了各个主管部门及其所属单位各类收支的全面情况，相对全面地反映了各个部门的全部收支活动，起到统一和集中政府财力的作用。同时，财政预算的具体权限也相对统一，改变了过去部门经费多头管理的局面，理顺了各部门和所属单位之间的财务关系。将二级单位的预算均纳入主管部门管理，改变了政府财力分散的状况。

2. 体现了预算的集中性

编制部门预算使每个部门分别编制自己的财力计划，改变了原有的各部门缺乏完整预算的状态，使每个政府部门只以自己的财务机构去面对财政部门和其他有预算分配权的部门。这就澄清了本部门的财力状况，有利于各部门开展本身的业务活动，也有利于政府把握对各部门的财力投入状况，确保对重点部门的投入和行政效率的提高。

3. 有利于预算的公开

编制部门预算，将政府的全部财力都纳入预算并细化预算，综合形成了统一的部门预算，改变以往预算含糊隐晦的状态，提高了其透明度，为我国预算公开性的形成提供了必要的基础性准备。

4. 体现了预算的法治性

部门预算的编制，是依据相关法律和法规进行的，是政府自觉遵守法律而采取的行动，其为社会公众以法律约束政府活动，为法治社会的形成和反腐倡廉提供了应有的条件和制度保障，有利于依法治国。

（四）部门预算的编制方法

收入预算编制采用收入预算法。通过对国民经济运行情况和重点税源的调查，建立收入动态数据库和国民经济综合指标库，对经济、财源进行分析论证的基础上，选取财政收入相关指标，建立标准收入预算模型，根据可预见的经济性、政策性和管理性等因素，确定修正系数，编制标准收入预算。

支出预算编制采用零基预算法。支出预算包括基本支出预算和项目支出预算。其中，基本支出预算实行定员定额管理，人员支出预算按照工资福利标准和编制核定；日常公用支出预算按照部门性质、职责、工作量差别等划分若干档次，制定中长期项目安排计划，结合财力状况，在预算中优先安排急需可行的项目。在此基础上，编制具有综合财政预算特点的部门预算。

二、政府采购制度

（一）政府采购制度的含义

政府采购，也称公共采购，是指各级政府及其所属机构为了开展日常政务活动或为公众提供公共服务的需要，在财政部门、其他有关部门和社会公众的监督下，以法定的方式、方法和程序，采购货物、工程和服务的行为。政府采购制度是指有关政府采购的一系列法规、政策和制度的总称。

（二）我国政府采购制度的基本内容

1. 政府采购当事人

政府采购当事人是指在政府采购活动中享有权利和承担义务的各类主体，包括采购人、供应商和采购代理机构等。采购人是指依法进行政府采购的国家机关、事业单位、团体组织。供应商是指向采购人提供货物、工程或者服务的法人、其他组织或者自然人。采购代理机构为集中采购机构。设区的市、自治州以上人民政府根据本级政府采购项目组织集中采购的需要设立集中采购机构。集中采购机构进行政府采购活动，应当符合采购价格低于市场平均价格、采购效率更高、采购质量优良和服务良好的要求。集中采购机构是非营利事业法人，根据采购人的委托办理采购事宜。

2. 政府采购的方式

政府采购可以采用以下方式。

（1）公开招标

公开招标是指通过公开程序，邀请所有感兴趣的供应商参加投标的一种采购方式。

（2）邀请招标

邀请招标是指招标人向一定数量的潜在投标人发出投标邀请书，邀请其参加投标并按规定程序选定中标供应商的一种采购方式。

（3）竞争性谈判

竞争性谈判是指采购实体通过与多家供应商进行谈判，最后从中确定中标供应商的一种采购方式。

（4）单一来源采购

单一来源采购即没有竞争的采购，它是指达到了竞争性招标采购的金额标准，但所采购的商品来源渠道单一，只能由一家供应商供货的采购方式。

（5）询价

询价是指采购实体向国内外有关供应商（通常不少于三家）发出询价单让其报价，然后在报价的基础上进行比较并确定中标供应商的一种采购方式。

采购人采购货物或者服务应当采用公开招标方式的，其具体数额标准，属于中央预算的政府采购项目，由国务院规定；属于地方预算的政府采购项目，由省、自治区、直辖市人民政府规定；因特殊情况需要采用公开招标以外的采购方式的，应当在采购活动开始前获得设区的市、自治州以上人民政府采购监督管理部门的批准。采购人不得将应当以公开招标方式采购的货物或者服务化整为零或者以其他任何方式规避公开招标采购。

符合下列情形之一的货物或者服务，可以采用邀请招标的方式采购。①具有特殊性，只能从有限范围的供应商处采购的；②采用公开招标方式的费用占政府采购项目总价值的比例过大的。

符合下列情形之一的货物或者服务，可以采用竞争性谈判方式采购。①招标后没有供应商投标或者没有合格标的或者重新招标未能成立的；②技术复杂或者性质特殊，不能确定详细规格或者具体要求的；③采用招标所需时间不能满足用户紧急需要的；④不能事先计算出价格总额的。

符合下列情形之一的货物或者服务，可以采用单一来源方式采购。①只能从唯一供应商处采购的；②发生了不可预见的紧急情况不能从其他供应商处采购的；③必须保证原有采购项目一致性或者服务配套的要求，需要继续从原供应商处添购，且添购资金总额不超过原合同采购金额 10% 的。

采购的货物规格、标准统一，现货货源充足且价格变化幅度小的政府采购项目，可以依照本法采用询价方式采购。

3. 政府采购的程序

（1）采购项目确立批准阶段

政府采购资金实行预算管理，政府采购项目的确立，是随着部门预算的编审程序完成的。负有编制部门预算职责的部门在编制下一财政年度部门预算时，应当将该财政年度政府采购的项目及资金预算列出，报本级财政部门汇总。部门预算的审批，按预算管理权限和程序进行。

在部门预算编审期间，各部门应将属于规定的政府采购项目，包括专项支出项目和基本支出项目，在相关科目中详细列明，由财政部对各部门预算进行汇总审核后，形成预算草案上报国务院批准，并提交全国人大会议审议。

（2）采购合同形成阶段

首先，确定采购模式。采购人对已批准的采购项目，应进行分类，确定相应的采购模式。属于政府集中采购的项目，必须委托集中采购机构实施，并签订委托代理协议，明确委托事项及各自的权利义务。

其次，确定采购方式。如果采购资金总额达到了招标数额标准，应当采用公开招标采购方式，并在财政部指定的媒体上发布招标公告。如果需要采用公开招标以外的采购方式，就必须在采购活动开始前获得地级以上政府采购监督管理部门的批准。

再次，确定中标、成交供应商。采购人或集中采购机构依据事先规定的评标或确定成交的标准，确定中标或成交供应商，向其发送中标或成交通知书，并在财政部指定的媒体上公告中标或成交结果。

最后，订立采购合同。采购人或集中采购机构应在中标或成交通知书发出之日起30 天内，按照采购文件确定的事项签订政府采购合同。采购合同自订立之日起 7 个工作日内，采购人应将合同副本报同级政府采购监督管理部门和有关部门备案。

三、国库集中收付制度

长时期以来，我国的国库管理制度，是以设立多重账户为基础的分散收付制度，而市场经济国家普遍采用的国库管理制度是国库集中收付制度。

国库集中收付制度是指对财政资金实行集中收缴和支付的制度。由于其核心是通过单一账户对现金进行集中管理，所以这种制度一般又被称为国库单一账户制度。具体而言，这种制度有以下三个基本特征。一是财政统一开设国库单一账户，各单位不再设有银行账户。二是所有财政收入直接缴入国库，所有财政支出根据部门预算均由财政集中支付给商品和劳务的供应者。三是建立专门的国库现金管理和支付执行机构。在这种制度下，财政收支实现了规范管理，收入不能随意退库，支出得到事前监督，资金使用效益明显提高。

第四章 财政国债与国有资产

第一节 国债的理论

一、国债的含义

在信用经济高度发展的今天，为某种需要而举债已成为一种十分普遍的社会现象。举债的主体或借债人主要有两类：一是私人和企业，二是政府。私人和企业举借的债务称为民间债务或私债，政府举借的债务称为公债。通常将中央政府债务称为国家公债，将地方政府债务称为地方公债。

国债是整个社会债务的重要组成部分，具体是指中央政府在国内外发行债券或向外国政府和银行借款所形成的国家债务。

（一）国债是二个特殊的财政范畴

首先，它是一种非经常性的财政收入，国家发行债券或借款实际上是在筹集建设资金，意味着政府可支配的建设资金的增加。但是，国债的发行必须遵循信用原则，即有借有还，债券或借款到期不仅要还本，而且要付一定的利息。国债具有偿还性，是一种预期的财政支出。

（二）国债的担保物

国债是一个特殊的债务范畴。它与私债的本质区别在于发行的依据或担保物不同。私债以私人信用为依据，由于作为私人信用保障的私人收入和财产的有限性，其信用基础相对薄弱，所以对债权人来说风险较大。国债则不同，国债发行的依据是国家信用，而国家信用的基础又是国家的主权和资源。因此，由政府以国家主权和资源作为承担国债偿还责任的基础，安全性是最高的。在信用评级机构对各类证券的评级中，以主权为基础的国债总是评级最高。正是在这种意义上，人们通常把国债称为"金边债券"。

（三）国债的特征

1. 自愿性

国债具有认购上的自愿性，除极少数强制国债外，人们是否认购、认购多少，完全由自己决定。

2. 有偿性

国债是以国家信用为担保的，必须遵循有借有还的信用原则。

3. 灵活性

国债发行与否、发行多少、以哪种方式发行，完全由中央政府根据具体情况（国家财政资金状况）灵活加以确定，而非通过法律形式预先规定。国债的自愿性取决于有偿性，自愿性和有偿性要求发行上的灵活性。

二、国债的种类与结构

（一）国债的种类

现代国家的国债不仅包括各种各样的借款，而且有名目繁多的债券，是一个庞大的债务体系。为了便于国债管理，必须首先对国债进行分类。

1. 以国家举债的形式为标准

国债可分为国家借款和发行债券。

2. 以筹措和发行的地域为标准

国债可分为内债和外债。

3. 以债券的流动性为标准

国债可分为可转让国债和不可转让国债。一般说来，自由转让是国债的基本属性，大多数国家的债券都是可以进入金融市场自由买卖的，但也有一些国家债券不允许公开出售。

4. 按券面形式分

可分为无记名国债、凭证式国债和记账式国债。

（1）无记名国债

无记名国债为实物国债，是一种票面上不记载债权人姓名或单位名称，以实物券面形式（券面上印有发行年度、券面金额等内容）记录债权而发行的国债，又称实物券。无记名国债发行时通过各银行储蓄网点、财政部门国债服务部以及国债经营机构的营业网点面向社会公开销售，投资者也可以利用证券账户委托证券经营机构在证券交易所内购买。无记名国债从发行之日起开始计息，不记名、不挂失，可以上市流通。发行期结束后如需进行交易，可以直接到国债经营机构按其柜台挂牌价格买卖，也可以利用证券账户委托证券经营机构在证券交易所场内买卖。

（2）凭证式国债

凭证式国债是指面向城乡居民和社会各类投资者发行，以"中华人民共和国凭证式国债收款凭证"记录债权的储蓄国债。凭证式国债的票面形式类似银行的定期存单，利率通常比同期银行存款利率高，是一种纸质凭证形式的储蓄国债。凭证式国债又分为纸质凭证式国债和电子记账凭证式国债两种。

①纸质凭证式国债

纸质凭证式国债通过各银行储蓄网点和邮政储蓄柜台面向社会发行，主要面向普通百姓，从投资者购买之日起开始计息，可以记名、挂失，虽然不能上市流通，但是总体而言不失为一种安全、灵活、收益适中的投资方式，是集国债和储蓄的优点为一体的投资品种，是以储蓄为目的的个人投资者理想的投资方式。

②电子记账凭证式国债

电子记账凭证式国债源于传统的纸质凭证式国债，发行基本条款与纸质凭证式国债大体相似，只是电子记账凭证式国债应用了计算机技术，以电子记账凭证形式取代了纸质凭证用于记录债权。

纸质凭证式国债与电子记账凭证式国债的区别。首先，申请购买手续不同。购买纸质凭证式国债，投资者可直接填写申请办理；购买电子记账凭证式国债，投资者需开立债券账户和资金账户，并填写购买申请办理。其次，债权记录方式不同。纸质凭证式国债采取填制纸质"中华人民共和国凭证式国债收款凭证"的形式记录，由各承销团成员分支机构进行管理；电子记账凭证式国债债权采取二级托管体制，由各承办银行总行和中央国债登记结算有限责任公司以电子记录管理。最后，到期兑付方式不同。在国债利息计付方面，纸质凭证式国债到期后，需投资者前往承销机构网点办理兑付事宜，逾期不加计利息；电子记账凭证式国债到期后，用户可通过网银中的"国债兑付"选项完成兑付事宜，逾期不加计利息。这种灵活的计息方式，增强了国债作为投资品种的竞争力。

（3）记账式国债

记账式国债是指以记账形式记录债权，通过证券交易所的交易系统发行和交易，可以记名、挂失的国债。投资者进行记账式国债买卖，必须在证券交易所设立账户。因为记账式国债的发行和交易均为无纸化流程，所以效率高、成本低，交易安全。

5. 按偿还期限分

按偿还期限可分为短期国债、中期国债、长期国债和永久国债。

短期国债是一国政府为满足先支后收所产生的临时性资金需要而发行的短期债券。短期国债在英美被称为国库券。短期国债风险低，是政府的直接负债，由于政府在一国有最高的信用地位，一般不存在到期无法偿还的风险，因此，投资者通常认为投资短期国债基本上没有风险。短期国债具有高度的流动性，由于短期国债的风险低、信誉高，所以工商企业、金融机构和个人都乐于将短期资金投资到短期国债上，并以此来调节自己的流动资产结构，这也为短期国债创造了十分便利和发达的二级市场。短期国债期限短，基本上是 1 年以内，大部分为半年以内。

中期国债是指偿还期限在 1 年以上 10 年以下的国债（包含 1 年但不含 10 年），其偿还期限较长，可以使国家对债务资金的使用相对稳定。中期国债用途或用于弥补赤字，或用于投资，不再做临时周转。

长期国债是指偿还期限在 10 年或 10 年以上的国债，可以使政府在更长时期内支配财力，但持有者的收益将受到币值和物价的影响。长期国债一般被用作政府投资的资金来源，在资本市场上有着重要地位。

永久国债虽然没有规定还本期限，但规定了按时支付利息，在政府财力许可时可以随时从市场买入而予以注销。

（二）国债的结构

1. 含义

国债的结构是指一个国家中由各种性质债务的互相搭配所形成的在债务收入来源和发行期限等方面的有机构成。

2. 国债结构

（1）国债持有者结构

国债持有者结构是政府对应债主体实际选择的结果，即各类企业和各阶层居民实际认购国债的比例，又被称为国债资金来源结构。

国债持有者结构主要受国债主体结构制约。如果社会财富分配不均，贫富差距较大，社会资金集中在少数企业和个人手中，国债持有者就比较集中；而在社会财富分配比较平均、社会资金相对分散的情况下，国债持有者也必然是相对分散的。在资本主义条件下，国债的主要持有者只能是个人或私人企业（包括商业银行）。而在社会主义条件下，社会财富的社会化程度较高，企业和居民个人共同构成国债持有者主体。

（2）国债的期限结构

国债期限是指国债从发行到偿还的时间间隔。根据一般的期限分类，短期国债的期限在 1 年以下，中期国债的期限在 1 ~ 10 年，长期国债的期限在 10 年以上。一个国家的国债往往是由各种不同期限的国债所组成的。发行短期债券从财政上来说主要用于平衡国库短期收支，长期国债通常用于周期较长的基础设施或重点建设项目。

在我国过去的国债期限结构中大多数是 3~5 年的中期国债，这样的期限结构既不能适应灵活调节预算资金周转的短期需要，也不能适应发展基础设施或重点建设的长期性资金的需要，还易导致国债偿还集中到期，使国家财政还本付息的压力过于集中。而且对投资者来说，这种单一的国债期限结构不利于投资者进行选择，很难满足持有者对金融资产期限多样化的需求，其结果必然使国债的形象欠佳、吸引力减弱。因此，深化我国国债制度改革，首先应该扩充国债种类，改进国债期限结构。我国经济的特点是基础差、底子薄、人口众多、人均收入水平低、社会资金短缺，因而无论是个人还是企业购买国债的能力都比较低。适应这个特点，国债的期限结构应当多样化，做到中、长、短期并重，使投资者具有一定的投资选择性，以适应不同企业或个人投资者的不同需要，使国债更具吸引力。

国债期限的合理分布能使国债到期日形成一个合理的序列，可以避免偿债高峰，均衡还本付息的压力。

三、现代国债的功能

（一）弥补财政赤字

通过发行国债弥补财政赤字，是国债产生的主要原因，也是现代国家的普遍做法。用国债弥补财政赤字，实质是将不属于政府支配的资金在一定时期内让渡给政府使用，是社会资金使用权的单方面转移。

政府也可以采用增税和向银行透支的方式来弥补财政赤字。但是，税收增加客观上受经济发展速度和效益的制约，如果强行增税，就会影响经济发展，使财源枯竭，得不偿失，同时，受立法程序的制约，也不易为纳税人所接受。通过向中央银行透支来弥补财政赤字，等于让中央银行增加财政性货币发行，可能会扩大流通中的货币量，导致通货膨胀。比较而言，以发行国债的方式弥补财政赤字，一般不会影响经济发展，可能产生的副作用较小。第一，发行国债只是部分社会资金使用权的暂时转移，流通中的货币总量一般不变，不会导致通货膨胀。第二，国债的认购通常遵循自愿的原则，通过发行国债获取的资金基本上是社会资金运动中游离出来的部分，也就是企业和居民闲置不用的资金。将这部分资金暂时交由财政使用，当然不会对经济发展产生不利的影响。

（二）筹集建设资金

弥补财政赤字是从平衡财政收支的角度说明国债的功能的，而筹集建设资金是从财政支出的使用角度来说明国债的功能的。国债是政府在正常收入形式以外，筹集资金用于经济建设的一种重要手段。首先，在市场经济条件下，财政的经济建设职能主要是在市场失效领域安排政府公共投资（如基础产业投资、农业投资等）以弥补民间投资的不足，促进经济的发展。而单独依靠税收等正常的财政收入形式并不能完全满足政府对资金的需求，有必要通过发行国债为财政筹集建设资金。其次，从单项债务来看，国债都有偿还期限，而财政的公共投资项目一般都有较长的建设周期，债务资金似乎难以服务财政的经济建设职能。但实际上，政府可以通过借新债还旧债的途径长久地占有国债资金，国债资金用于长期性财政投资项目存在现实的可能性。

（三）调节经济

国债是对 GDP 的再分配，反映了社会资源的重新配置，是财政调节经济的重要手段。政府发行国债首先会改变民间和政府部门占有资源的规模，影响社会资源在两大部门原有的配置格局。政府国债资金用于不同方向，又会对经济结构产生多方面的影响。①用于公共投资，将扩大社会的投资规模，会改变原有的投资与消费的比例；②用于公共消费，将扩大社会的消费规模，使投资和消费的比例向消费一方偏移；③国家发行国债，继而扩大财政支出的过程，就是政府平衡社会总供给和社会总需求关系的过程，国债能够调节社会总供需关系，是扩张性财政政策的重要工具。另外，短期国债还可以作为中央银行进行公开市场操作的工具，是其调节货币流通量的重要手段。

第二节　国债的负担与限度

一、国债的负担

虽然在理论上国债负担是一个颇有争议的问题，但各国的经济实践已经充分表明，国债不仅存在负担问题，而且如何衡量国债负担也是财政理论与实践的重要内容。国债的负担可以从以下四个方面来具体分析。

（一）国债认购者即债权人的负担

国债作为认购者收入使用权的让渡，虽是暂时的，但由于在国债偿还之前，认购者不再拥有资金的使用权，这对其经济行为会产生一定的影响，所以国债发行必须考虑认购人的实际负担能力。

（二）政府即债务人的负担

政府借债是要偿还的，到期还本付息，虽然政府利用国债获得了经济利益，但偿债却体现为一种支出，借债的过程也就是政府国债负担的形成过程。所以，政府借债必须考虑自身的负担能力，即偿还能力，只能量力而行。

（三）纳税人负担

不论国债资金的使用方向如何、效益高低，还债的资金来源最终还是税收。马克思所说的国债是一种延期的税收，就是指税收与国债的这种关系。

（四）代际负担

国债认购者负担、政府负担、纳税人负担都是分析国债形成的当前的社会负担。实际上，国债负担在一定条件下还会向后推移，即发生代际转移。由于有些国债的偿还期较长，使用效益较低，连年以新债还旧债并不断扩大债务规模，就会形成这一代人借的债由下一代人甚至下几代人偿还和负担的问题。如果转移债务负担的同时利用国债为后人创造了更多的财富或奠定了创造财富的基础，那么这种债务负担的转移是正常的；如果留给后人的只有净债务，而国债收入已经消费殆尽，债务负担的转移就是不正常的，就会极大地影响后代人的生产和生活。

二、国债的限度及衡量指标

国债限度是指国债规模的最高额度或国债的适度规模。衡量和表示国债规模，主要有三重指标。一是历年累积债务总规模，即历年发行的国债中尚未偿还的数额，也叫国债余额。二是当年发行的国债总额。三是当年到期需偿还的国债总额。国债的发行之所以存在最佳规模问题，是因为国债的发行会产生多方面的负担。规模过大，超过各方面的负担能力，会给财政和社会经济的正常发展带来极大的负面影响，可能引发财政危机甚至经济危机。

（一）国债规模首先受认购人负担能力的制约

国债的来源，从国民经济总体来看就是 GDP，GDP 也就是认购人整体的国债来源。国债限度通常用当年国债发行额或国债余额占 GDP 的比重来表示，被称为国债负担率。一般认为，国债负担率低于 60%，国民经济是可以承受的，没有超过认购人总体的应债能力，表现为国债发行过程比较顺利。从个别应债主体来看，则以当年国债发行额占应债主体的收入水平的比重来表示。例如，居民的国债负担率可以用国债发行额占居民收入扣除消费支出和其他投资后的居民储蓄来表示。

（二）国债规模同时受政府偿债能力的制约

如果不考虑政府的偿债能力而过量发行国债，就有可能导致政府的债务危机乃至整个经济的危机。衡量政府偿债能力的指标通常有两个：偿债率和国债依存度。偿债率是指当年的国债还本付息额占当年财政收入的比重。国债依存度是指当年国债发行额占当年财政支出的比重。偿债率可以直接反映政府偿债能力的大小，一般认为，该指标不超过 10% 为正常。债务依存度反映财政支出对国债资金的依赖程度，也可以间接反映政府的偿债能力，该指标的国际警戒线为 15% ~ 20%。

（三）国债的使用效益是影响国债规模的决定因素

国债规模是否适度，还要从国债的最终使用效益来考察。如果国债的使用方向、结构安排合理，促进了经济的发展，自然就会提高经济对国债的负担能力和政府的偿债能力。相反，如果国债使用效益低下，甚至存在大量浪费现象，则国债规模自然是越小越好。

第三节 国债的制度与市场

一、国债制度

（一）国债的发行

1. 含义

国债的发行指国债售出或被个人和企业认购的过程。国债的发行是国债运行的起点和基础环节，其核心是确定国债售出的方式即国债发行的方式。

2. 国债的发行条件

（1）国债面值

国债面值是指国债的票面金额。

（2）国债利率

国债利率是国债利息与票面值的比例。国债发行到期时不仅要还本，而且还要支付一定的利息，付息多少则取决于国债的利率。国债利率的确定既关系到国债的发行，又关系到国债的偿还，还关系到对市场利率和经济增长的影响，因此，需要多方权衡，综合考虑各种相关因素。

在市场经济国家，市场利率是制约国债利率的主要因素。市场利率一般是指证券市场上各种证券的平均利率水平。一般的原则是国债利率要保持与市场利率大体相当的水平。如国债利率高于市场利率，不仅会增加财政的利息负担，还会出现国债券排挤其他证券或拉动市场利率上升的情况，不利于证券市场和经济的稳定。反之，国债利率低于市场利率太多，则会使国债失去吸引力，影响国债的正常发行。在我国经济中，由国家制定的银行利率起主导作用，市场利率在银行利率基础上受资金供求状况的影响而有所浮动。因此，我国国债利率的确定主要是以银行利率为基准，一般不低于或略高于同期存款利率。

国债利率在很大程度上受制于市场利率或银行利率，但两者并非完全一致，一般可以略低于市场利率。这是因为国债以国家信用为基础，信用等级较高、安全性好，投资者即使在收益上有所损失，也愿意认购国债，这是世界上一般国家国债利率都稍低于市场利率的主要原因。社会资金的供求状况是决定国债利率的基本因素。若社会资金比较充裕，闲置资金较多，国债利率就可以适当降低；若社会资金十分短缺，国债利率就必须相应提高。国债利率还受政府经济政策的影响，考虑政府经济政策的需要。国债利率的确定固然要考虑市场利率，但同时也会对市场利率产生影响。具体来讲，短期国债利率会影响货币市场，而长期国债利率则对资本市场利率发生影响。政府有时会利用国债利率来影响市场利率，实现调节经济运行的目标。

从一般趋势来看，在利率水平上，国债利率应略低于市场利率或银行利率。在利率结构上，应对不同期限、不同用途的国债规定差别较大的结构性利率。长期国债利率高于中期国债利率，中期国债利率高于短期国债利率，建设性国债的利率高于国库券和其他债券的利率。

（3）国债发行价格

国债的发行价格是指政府债券的出售价格。政府债券的发行价格不一定就是票面值，可以低于票面值，少数情况下也可以高于票面值，所以就有一个发行的行市问题。按照与票面值的关系，国债发行价格可以分为平价发行、折价发行和溢价发行三种情况。

①平价发行就是政府债券按票面值出售

认购者按票面值支付购买金额，政府按票面值取得收入，到期按票面值还本。政府债券按平价发行必须具备两个条件。一是国债利率与市场利率大体一致。如市场利率高于国债利率，按票面值出售可能找不到认购者或承购者，国债发行面临困难；市场利率低于国债利率，按票面值出售，财政将遭受不应有的损失。二是政府的信用必须良好。只有在政府信用良好的条件下，人们才会乐于按票面值认购国债，国债发行任务的完成才有足够的保障。

②折价发行就是政府债券以低于票面值的价格出售

即认购者按低于票面值的价格支付购买金额，政府按这一折价取得收入，到期仍按票面值还本。政府债券折价发行，其主要原因是在财政发行任务较重的情况下，需要政府提高利率或折价发行国债来调动投资者认购国债的积极性。但若采取提高国债利率的方式就会引起市场利率的上升，就会对经济产生紧缩性影响。这时，采用折价发行是较好的选择。

③溢价发行就是政府债券以超过票面值的价格出售

即认购者按高于票面值的价格支付购买金额，政府按这一价格取得收入，到期则按票面值还本。政府债券溢价发行，只有在国债利率高于同期市场利率时才能办到。虽然投资者按溢价认购，在价格上会有些损失，但高利率带来的收益足以弥补价格损失，甚至政府债券的综合收益率与其他证券相比仍是最高的。

比较上述三种发行价格，从政府财政的角度看，第一种价格即平价发行可以说是最为有利的。首先，平价发行，政府可按事先规定的票面值取得收入，又按此偿还本金，除了支付正常的债息外，不会给财政带来额外负担。其次，平价发行，国债利率与市场利率大体相当，不会给市场利率带来上涨或下降的压力，有利于经济的稳定。溢价发行，虽可在发行价格上为政府带来一些差价收入，但因高利率财政也要负担更高的利息支出，并且由于收入的不规则，也不利于政府对国债收入的计划管理。至于折价发行，对财政明显是不利的，只有在国债发行任务非常重的情况下才会采用。

3. 国债的发行方式

国债的发行方式主要有固定收益出售方式、公募拍卖方式、连续经销方式、直接推销方式和综合方式五种。

（1）固定收益出售方式

这是一种在金融市场上按预先确定的发行条件发行国债的方式，其特点是认购期限较短、发行条件固定、发行机构不限，主要适用于可转让的中长期债券的发行。在金融市场利率稳定的条件下，采用这种方式是比较有利的。政府既可据此预测市场容量，确定国债的收益条件和发行数量，也可灵活选择有利的推销时间。在金融市场利率易变或不稳定的条件下，采用这种方式就会遇到一定困难，主要是政府不易把握金融市场行情并据此确定国债的收益条件及发行数量；即使勉强确定，也会因金融市场行情在国债推销时间发生变动而与市场需求不相适应，难以保证预定国债发行任务的完成。

（2）公募拍卖方式

公募拍卖方式，亦称竞价投标方式。这是一种在金融市场上通过公开招标发行国债的方式，其主要特点是发行条件通过投标决定，拍卖过程由财政部门或中央银行负责组织，即以其为发行机构。公募拍卖主要适用于中短期政府债券，特别是国库券的发行。具体的拍卖方法是多种多样的，如价格拍卖、收益拍卖等，因此，在采用这种发行方式的同时，常常要附加某些限制性条件。其中，主要是规定最低标价（出售价格）和最高标价（国债利率），低于最低标价或高于最高标价的投标，发行机构不予接受。

（3）连续经销方式

连续经销方式，亦被称为出卖发行法。发行机构（包括经纪人）受托在金融市场中设专门柜台经销，这是一种较为灵活的发行方式。连续经销的特点是经销期限不定、发行条件也不定，即不预先规定债券的出售价格，而由财政部或其代销机构根据推销中的市场行情相机确定，且可随时进行调整，主要通过金融机构和中央银行以及证券经纪人经销。这种方式主要适用于不可转让债券，特别是对居民家庭发行的储蓄债券，其主要优点是可灵活确定国债的发行条件及发行时间，从而确保国债发行任务的完成。

（4）直接推销方式

直接推销方式，亦被称为承受发行法，是一种由财政部门直接与认购者举行一对一谈判出售国债的发行方式。直接推销的主要特点是发行机构只限于政府财政部门，而不通过任何中介或代理机构；认购者主要限于机构投资者，其中，主要是商业银行、储蓄银行、保险公司、各种养老基金和政府信托基金等；发行条件通过直接谈判确定。这种方式主要适用于某些特殊类型的政府债券的推销。例如，比利时和瑞士的专门用于吸收商业银行资金的特殊可转让债券，以及有些国家对特定金融机构发行的专用债券等，就是通过这种方式发行的，这种方式的优点是可以充分挖掘各方面的社会资金。

（5）综合方式

这是一种综合上述各种方式的特点而加以结合使用的国债发行方式。在某些国家的国债发行过程中，有时可不单纯使用上述的任何一种方式，而是将这些方式的其中一些特点综合起来，取其所长，结合运用。英国是一个最典型的例子，在英国，国债的发行往往采取先拍卖后连续经销的方式。即最初先将国债以公募拍卖方式出售，由于拍卖期限较短，且附有最低标价规定，难以避免投标数量不足的问题，拍卖余额由英格兰银行（中央银行）负责购入，其后再以连续经销方式继续出售，直到完成预定的发行任务。英国的这种发行方式就是综合了公募拍卖和连续经销两种方式的特点，取各自之长，弥补各自的不足，具有相当的灵活性。

（二）国债的偿还

国债的偿还主要包括还本方式、付息方式和还本付息资金来源三个问题。

国债到期之后，就要按照发行时的规定，按期如数还本。国债本金的偿还数额虽然是固定的，但政府在偿还方式上却有很大的选择余地。国债偿还中的一个重要任务，就是慎重地选择偿还方式。同时，还本是否能如约进行，既影响到期债券的行市，也影响其他一切债券的行市，对债券持有者和政府都是利害攸关的。这就要求国债的偿还必须有较为稳定且充足的资金来源。国债发行之后，除短期国债外（已通过折价发行预扣利息），在其存在的期间内必须付息，由于国债在发行时已经规定了利息率，每年应付的利息支出是固定的，政府在国债付息方面的主要任务，便是对付息方式，包括付息次数、时间及方法等做出相应的安排。

1. 还本方式

可选择使用的国债偿还方式主要有以下 5 种。

（1）分期逐步偿还法

分期逐步偿还法即对一种债券规定几个还本期，每期偿还一定比例，直至债券到期时，本金全部偿清。这种偿还方式，还本越迟，利率越高，不仅可以鼓励债券持有人推迟还本期，而且可以分散国债偿还对财政的压力，但国债偿还的工作量、复杂程度、债务管理费用将会加大。

（2）抽签轮次偿还法

抽签轮次偿还法即在国债偿还期内，通过定期按债券号码抽签对号以确定偿还一定比例的债券，直至偿还期结束，全部债券皆中签偿清为止。这种偿还方式的利弊与分期逐步偿还法大致类似。

（3）到期一次偿还法

到期一次偿还法即实行在债券到期日按票面额一次全部偿清。这个方法的优点是国债还本管理工作简单、易行，且不必为国债的还本而频繁地筹措资金；缺点则是集中一次偿还国债本金，有可能造成政府支出的急剧上升，给国库带来较大压力。

（4）市场购销偿还法

市场购销偿还法即在债券期限内，通过定期或不定期地从证券市场上赎回（或称买回）一定比例债券，赎回后不再卖出，使这种债券期满时，已全部或绝大部分被政府所持有。这种方式的长处是给投资者提供了中途兑现的可能性，并会对政府债券的价格起支持作用；其短处是政府需为市场购销进行大量繁杂的工作，对从事此项业务的工作人员也有较高的素质要求，因而不宜全面推行。

（5）以新替旧偿还法

以新替旧偿还法即通过发行新债券来兑换到期的旧债券，以达到偿还国债的目的。优点是使到期的政府债务延后；缺点是经常使用，会损坏政府信誉。

2. 付息方式

国债的付息方式大体可分为两类：

（1）按期分次支付法

按期分次支付法即将债券应付利息，在债券存在期限内分作几次（如每一年或半年）支付，一般附有息票，债券持有者可按期剪下息票兑付息款，故亦称"剪息票"的方式。

这种方式往往适用期限较长或在持有期限内不准兑现的债券。这是因为在较长的期限内，如能定期支付一定数额的利息，不仅能激发持券人认购国债的积极性，也可避免政府债息费用的集中支付，使债息负担均匀分散化。

（2）到期一次支付法

到期一次支付法即将债券应付利息同偿还本金结合起来，在债券到期时一次支付。这种方式多适用于期限较短或超过一定期限后随时可以兑现的债券。这是因为，在较短的期限内，债息的分次支付成为不必要，且在债券到期时将息款连同本金一同支付，可大大简化政府的国债付息工作，对债券持有者来说也是可以接受的。

3. 还本付息的资金来源

一般而言，还本付息的资金来源有以下几种。

（1）设立偿债基金

由政府预算设置专项基金用以偿还国债，即每年从财政收入中拨出一笔专款设立基金，由特定机关管理，专门偿付国债之用，不作其他用途。而且，在国债未还清之前，每年的预算拨款不能减少，以期逐年减少债务，故又称作"偿债基金"。

（2）通过预算列支

将每年的国债偿还数额作为财政支出的一个项目（如"债务还本"）而列入当年支出预算，由正常的财政收入（主要指税收），保证国债的偿还。表面上看，这似乎是确保国债按期偿还的稳妥办法，但在实践上也会遇到种种问题。这是因为，如果政府财政有能力每年拨出专款用作国债偿还支出，也就可能没有必要发行国债，或者没有必要每年发行那么多国债。

（3）举借新债

政府通过发行新债券，为到期债务筹措偿还资金。这既有实践上的必然性，也有理论上的合理性。从理论上来看，国债可以被看作储蓄的延长形式。从个体讲，任何储蓄，有存有取；但从总体看，则是只存不取。国债同样如此。从单项债务来看，它有偿还期；但从债务总体来讲，它实际上并不存在偿还期，而是可以采用借新债还旧债的办法，无限地延续下去。正因为如此，通过发新债还旧债，便成为各国政府偿还国债的基本手段。

（4）预算盈余

用以往财政资金的盈余来偿还国债。

二、国债市场及其功能

（一）概念

国债是一种财政收入形式，国债券是一种有价证券。证券市场是有价证券交易的场所，政府通过证券市场发行和偿还国债，意味着国债进入交易过程，而在证券市场中进行国债发行和交易即为国债市场。毫无疑问，国债市场是证券市场的构成部分。

（二）分类

国债市场按照国债交易的层次或阶段可分为国债发行市场和国债流通市场两个部分。

国债发行市场是指国债发行的场所，又被称为国债一级市场或初级市场，是国债交易的初始环节。一般是政府与证券承销机构如银行、金融机构和证券经纪人之间的交易，通常由证券承销机构一次性全部买下发行的国债。

国债流通市场又被称为国债二级市场，是国债交易的第二阶段。一般是国债承销机构与认购者之间的交易。国际流通市场又分证券交易所交易和场外交易两类。证券交易所交易是指在指定的交易所营业厅从事的交易，不在交易所营业厅从事的交易即为场外交易。

（三）国债市场的功能

国债市场一般具有以下两个方面的功能。

一是实现国债的发行和偿还。国家可以采取固定收益出售方式和公募拍卖方式在国债市场的交易中完成发行和偿还国债的任务。

二是调节社会资金的运行。在国债市场中，国债承销机构和国债认购者从事的直接交易，国债持有者和国债认购者从事的间接交易，都是社会资金的再分配过程，最终使资金需要者和国债需要者得到满足，使社会资金的配置趋向合理。若政府直接参与国债交易活动，以一定的价格售出或收回国债，就可以发挥诱导资金流向和活跃证券交易市场的作用。

在现代社会，主要发达国家的国债大都是通过国债市场发行的，并有相当一部分是通过国债市场偿还的。近年来，随着国债规模扩大和对社会资金运行调节的必要性的认识逐步增强，发展中国家也开始重视国债市场的作用，并逐步建立起适应本国国情的国债市场。

（四）国债流通市场

国债期货是国债现货市场发展到一定阶段的产物，它具有独特的功能：一是显示和引导国债价格或国债行市。国债期货市场中买卖双方经过公开竞价，使国债价格不断随供需状况变化，并在市场上传递。由于期货市场是众多买者与卖者的意愿，是最具有代表性的价格，对当前与未来的价格走势都有指导作用。二是套期保值。国债投资者可以在期货市场和现货市场上同时就某一品种的国债做数量相同、买卖相反的操作，以求期货市场与现货市场的盈亏相补或相抵，从而实现保值。三是投机获利。国债期货投资者还可以在市场上的不同债种之间投机获利，也可以在现货市场和期货市场之间投机获利，为投资者提供更多的对冲机会。

第四节　国有资产的收益

一、国有资产概述

（一）国有资产的含义

国有资产是国家生存与发展的重要物质基础。任何社会形态下的国家都有国有资产，只是不同的国家和同一国家在不同的历史时期国有资产的范围、数量、表现形式和运用方式等方面有所不同。随着经济发展与社会进步，国有资产在现代社会经济生活中发挥着越来越重要的作用。

1. 广义资产与狭义资产

一般来说，资产是为特定的行为主体所控制，能够带来某种经济收益的经济资源。在具体理解资产概念的内涵方面，又有广义资产和狭义资产的区分。狭义资产概念中强调的经济收益是指在货币形态上的可计量的部分；广义资产则强调，凡是能够增进人们的效用价值，就应该被认定为经济收益。如洁净的"环境"、政府维持的"秩序"、国防提供的"安全"等，由于很难精确估计其带来的收益，所以通常不被纳入狭义资产的分析范围，但在广义资产分析中，人们都毫无疑问地将其作为重要的资产进行考察分析。

2. 国有资产的概念

与资产概念的划分相适应，国有资产的概念也有广义和狭义之分。广义的国有资产是指国家所拥有的全部资产。主要包括①国家以投资形式形成的经营性国有资产；②国家向行政事业单位拨款形成的非经营性国有资产；③国家依法拥有的土地、森林、河流、海洋、矿藏等自然资源。狭义的国有资产是指法律上确定为国家所有，并能为国家直接提供经济收益的各种经济资源的总和。在包括的具体内容方面，狭义的国有资产专门指经营性国有资产。通常包括国家投资形成的国有企业资产、国有控股企业的国家控股性资产、国有持股企业的国家持有的股份资产和从行政事业单位中转化过来的经营性资产。由于狭义的国有资产具有其资本属性，因而人们又把狭义的国有资产价值称之为国有资本。

（二）国有资产的构成

由于国有资产涉及范围广，构成内容十分复杂，是作为一个庞大的资产系统存在的，所以分析国有资产的构成内容，必须通过对国有资产的分类来把握，即按照具体的分类方法，掌握不同分类方法下的国有资产的具体分类内容。一般来说，对国有资产类别的划分，通常采用以下方法。

1. 按国有资产的形成方式分类

国有资产可分为国家投资形成的资产和国家间接拥有的资产。国家投资形成的资产主要是指通过国家拨款和投资方式，形成的国家拥有的行政事业单位和国有企业资产。国家间接拥有的资产主要是指国家通过非投资渠道而拥有的资产，如家依法拥有的土地、森林、河流、海洋、矿藏等自然资源，国家接受国际援助形成的国有资产，国家对非法私人资产采取的没收处罚措施转化成的国有资产等。

按照国有资产的形成方式分类，可以清晰地了解国有资产的来源渠道和具体的形成过程，并通过对国有资产的来源渠道和具体形成过程的内容分析，研究国家的产权制度内容和公共产权与私人产权的关系。

2. 按国有资产的经济用途分类

国有资产可分为经营性国有资产与非经营性国有资产。经营性国有资产是国家为了经营性目的而投入到生产和流通领域中的资产。国有资产基本特点是具有运动性与增值性，即通过投入与产出的运动过程，实现国有资产的保值和增值。非经营性国有资产是指国家机关、部队、学校、科研机构、民间团体等行政事业单位使用而不投入物质生产经营活动的资产。非经营性国有资产虽然不直接参与物质财富的生产经营活动，但同样创造重要的社会效益。

按照国有资产的经济用途分类，具有重要的理论与现实意义。在我国现实社会经济条件下，由于经营性国有资产和非经营性国有资产的性质和特点不同，管理的目标和手段也有所不同，应该根据经营性国有资产和非经营性国有资产的性质和特点，采取区别对待的方式进行有效管理。

3. 按国有资产存在的形态分类

国有资产可分为有形资产和无形资产。

有形资产是指具有价值形态和实物形态的资产。它包括①固定资产。如房屋、建筑物、机器设备、运输工具、铁路、桥梁等。②流动资产。如原材料、辅助材料、燃料、半成品、产成品等。③资源性资产。如国家依法拥有的土地、森林、河流、海洋、矿藏等自然资源。

无形资产是指不具备实物形态，但同样可以为拥有者带来收益的资产。它包括①知识产权。如专利权、发明权、商标权、著作权、历史文化遗产等。②工业产权。如专有技术等。③金融产权。如货币、债券、证券的版面设计、印刷、铸造、发行权等。

按国有资产存在的形态分类，能够比较完整地反映国有资产的全部内容，便于保护国有资产产权变动后的经济利益，以及对国有资产进行分类统计和分类管理，并通过对国有资产的科学评估，防止国有资产产权变动中的资产流失。

4. 按国有资产存在的地域分类

国有资产可分为境内国有资产和境外国有资产。境内国有资产是指存在国家境内的各项国有资产，境外国有资产是指存在境外的本国国有资产。如国家在境外建立的大使馆、领事馆所拥有的资产，国有企业在境外投资形成的资产等。

（三）国有资产的运营方式与意义

国有资产的运营，主要是对经营性国有资产而言的，由于经营性国有资产具有运动性与增值性的特点，只有实现国有资产运营，才能实现国有资产的保值和增值目标。在国有资产运营方面，随着我国对经营性国有资产由传统的实物管理向现代价值管理的转变，国有资产运营也发展到了运营的新阶段。

1. 国有资产运营的现实意义

国有资产运营是资产运营的新发展，它对于盘活我国国有资产，提高国有资产使用效益，积极推进我国国有企业改革和改善我国国有企业的资产结构都具有十分重要的现实意义。

实行国有资产运营，有利于建立现代企业制度，改善国有企业内部治理结构。在我国市场经济条件下，通过实行国有资产运营，将企业的一切要素资本化，有利于在保证出资者权益的前提下，改进法人化的资产治理结构，通过融资、租赁和企业改组、改制，盘活我国国有资产，提高国有资产使用效益。

实行国有资产运营，有利于实现我国国有资产布局的战略结构调整。通过实行国有资产运营，将国有存量资产资本化，可以达到国有资产存量变现和增值的目的，并在资金回收后投资关系国民经济命脉的行业和领域，实现我国国有资产布局的战略结构调整。

实行国有资产运营，有利于发挥国有资产对民间资产的引导作用。实行国有资产运营，可以通过股权转让、企业兼并等资产运营活动，吸收和利用民间资本，在国有企业逐步退出一般竞争领域的同时，引导民间资产适时进入该领域，发挥国有资产对民间资产的引导作用。

2. 国有资产运营的方式

国有资产运营方式具有可选择性，从常见的国有资产运营方式来看，主要包括以下可选择的类型。

（1）整体出售方式

对一般竞争领域中的许多国有中小企业，由于没有明显的外部性，完全可以通过市场运营机制，由民间经济主体投资运营，国有经济在该领域不仅没有竞争优势，反而因体制原因使国有企业的效益明显低于民营企业。所以，可以在搞好资产评估的同时，确定合理的价格，通过整体出售的方式，使这些国有中小企业退出一般竞争领域，让民间资产更好地发挥作用。

（2）股份制改造方式

对一些国有资产应当逐步退出一般竞争领域的国有大型企业，应当根据国有资产控股和参股的需要，对其进行股份制改造，将国有独资的产权结构改变为国有资产控股或参股的产权结构。通过股份制改造，一方面，可以通过引入民间资产，实现投资主体多元化；另一方面，还可以通过引入新的经营机制和管理人才，改善企业内部治理结构，激发企业活力，提高企业经济效益。

（3）企业并购方式

企业并购包括兼并、联合、收购等具体方式，其实质是一种产权转让或产权交易行为，是一种资产运营形式，其结果是企业所有权和由此决定的企业控制支配权的转移。

（4）托管方式

托管的最大特点是在被托管企业产权不动的情况下，具有相对优势的托管企业获得对被托管企业资源的实际控制权；最大的好处是优势企业输出的主要是管理、技术、营销渠道、品牌等企业"软件"，不需要资金等"硬件"方面的投入，可以降低优势企业的扩展成本。对被托管企业来说，可以减少抵触情绪和产权剧烈变动引起的摩擦。

（5）股权与债权互换

国有资产有股权和债权两种存在形式，股权和债权又具有相互转换性。当国有企业的股份制改造面临难以吸引民间资产进入的困难时，还可以通过将国有资产的股权转化为债权的形式，由民间经济主体获得对企业的控制权，部分国有股权转化为国有债权，国家只行使债权人的权利。

（6）国有股权转让

国有股权转让是指国家为了降低或放弃在国有控股公司或国有持股公司的国有股比例，将所持有的部分或全部国有股份按一定的价格出让给他人。国有股权转让既可以通过场外协议的形式进行，也可以通过股票市场出售。

二、国有资产管理

国有资产的管理对象，既涉及经营性国有资产，也涉及国家行政事业单位的非经营性国有资产，还涉及国家依法拥有的各种自然资源，由于国有资产管理内容的复杂性和不同类别的国有资产的性质和特点不同，针对不同类别的国有资产的管理目标和管理方式也应该有所区别。

（一）国有资产管理的主要内容

加强国有资产管理，其目的在于通过明晰国有资产产权，监督国有资产运用，防止国有资产流失，提高国有资产的运营效率。从国有资产管理的内容来看，主要有以下几个方面。

1. 国有资产产权界定

产权是指财产所有权、占有权、使用权、支配权、处置权等权利。国有资产产权界定，就是国家授权国有资产管理部门依法划分国有资产的所有权、经营权、使用权、处置权等产权归属，明确各类产权主体的职责与权限。国有资产产权包括两方面内容，一是国有资产所有权的界定，即界定那些应当属于国家所有的资产，二是与国有资产所有权相关的其他产权的界定，即界定国有资产的各类经营、使用、管辖主体行使资产占有、使用、收益及处置权的界限和范围。

2. 国有资产产权登记

国有资产产权登记，是国有资产管理部门对占有和使用国有资产的主体，就其占有和使用国有资产及其由此派生的各种权益进行登记管理的一项制度。国有资产产权登记，是加强国有资产管理的一项重要措施，对完善国有资产基础管理制度具有重要意义。按照我国规定，所有使用国有资产的部门、单位和个人都必须依法办理国有资产产权登记，但在办理国有资产产权登记的具体内容方面，不同类别的国有资产因涉及的性质和权属关系不同，登记的具体内容也不完全一致。

3. 国有资产占有和使用的管理

国有资产管理委员会对于各种类别的国有资产的占有和使用过程的管理，在管理目标和管理方式上，必须贯彻区别对待的原则。其中，对于国家投资形成的经营性国有资产的占有和使用过程的管理，主要目的是实现国有资产的保值和增值，因而应该采取价值管理方式；对于国家投资形成的行政事业单位的非经营性国有资产的占有和使用过程的管理，主要目的是减少和降低国有资产的消耗，防止国有资产损失和浪费，提高国有资产使用效率，应该采取以实物为主和实物管理与价值管理相结合的管理方式；对于资源性国有资产的开发和利用过程的管理，主要目的是既要提高国有资源的开发和利用价值，又要注重生态环境改善和资源的可持续开发和利用，因而在管理手段的选择上，应该采取价值管理与实物管理相结合的方式。

4. 国有资产收益及处置的管理

对于经营性的国有资产的经营性收益，必须按照所有者的权益原则进行合理分配；对于国有资产存量的处置，即国有资产的产权变更形成的收益，也必须按照所有者的权益原则进行合理分配。

（二）国有资产管理体制

国有资产管理体制是指有关国有资产管理的各种制度安排的总和。健全和完善我国国有资产管理体制，是加强国有资产管理，合理划分国有资产管理的职责与权限，提高国有资产管理效率的内在要求。完善我国国有资产管理体制，必须明确国有资产的管理主体，健全国有资产管理机构，从而形成良好的国有资产管理机制。

1. 国有资产的管理主体

由于国有资产是全民所有的公共资产，从逻辑关系上来讲，国有资产所有权的主体应该是全国人民代表大会，在实践中也可以由全国人民代表大会授权政府代行国有资产所有权。政府在代行国有资产所有权的过程中，在横向上必须贯彻政府代行国有资产所有权职能与政府履行社会经济管理职能相分离，国有资产监管体系与国有资产使用主体相分离，资本经营与生产经营相分离的原则，在纵向上必须按照提高国有资产管理效率的要求，处理好中央与地方各级政府之间在代理国有资产所有权方面的权责关系。

2. 国有资产管理机构

由于我国国有资产种类多、分布面广、相对规模大，所以国有资产管理的任务和管理难度也相对较大，为了切实有效地管理好我国国有资产，必须按照提高国有资产管理效率的要求，进一步健全我国国有资产管理机构体系。在横向上，必须合理划分国有资产监督管理委员会与国有资产投资公司、国有资产管理使用主体的监督管理职责；在纵向上，必须合理划分各级政府代行国有资产所有权和对国有资产监督管理方面的权责关系。

3.国有资产收入形式

国有资产收入，是国家凭借其拥有的国有资产所有权取得的收入。随着国有资产经营方式的多样化，国有资产收入形式也呈现出了多样化趋势。目前，我国国有资产收入形式主要有以下几类。

（1）国有资产的经营性收入形式

我国经营性国有资产收入形式，主要取决于国有资产的经营方式，从目前来看，主要包括利润、租金、股息和红利几种类型。

①利润

利润是我国国有资产收益的最常见形式，主要适用于国有独资企业和实行承包经营的国有企业。

②租金

租金是出租方将资产出租给承租人进行经营活动所得到的一种收益。这种形式主要适用于实行租赁经营方式的国有企业。在国有资产的租赁方式下，国家在一定时期内让渡了国有资产的使用权和经营权，必然要求承租者对国家的这种让渡进行价值补偿。这种价值补偿数量的多少主要取决于出租国有资产的资产价值、出租国有资产的级差收益能力等因素。

③股息和红利

股息和红利是一种股权收益，是按照控股或持股者所占股份的多少分配给股东的利息和利润。对于实行股份制经营的国有资产，股息和红利是国家作为股东，凭借其拥有的股权参与股份公司资产经营收益分配取得的收入。

（2）国有产权转让收入形式

国有产权转让收入，是指通过对国有资产所有权和国有资产使用权的转让获得的收入。国有产权转让收入主要包括以下两种类型。

①国有资产所有权转让收入

国有资产所有权转让收入这是指国家通过对国有资产所有权的转让、拍卖、兼并等方式所形成的收入。随着我国对一般竞争领域的小型国有工商企业的转让和拍卖，以及对一般竞争领域的大中型股份制企业的国有股权转让，我国必然会形成一定数量的国有资产所有权转让收入。

②国有资产使用权转让收入

国有资产使用权转让收入这是指国家通过对国有资产使用权转让而取得的国有资产使用权转让收入，是国有资产收入的组成部分。如国有土地使用权出让收益，矿藏资源开采权转让收益，山林、草地、河流开发权使用收益，森林采伐权使用收益，以及其他国有资产使用权转让收益，都构成了国有资产使用权转让收入。

4. 国有资产收益分配

国有资产收益是国有资产在生产经营活动中的增值额，也是国有资产的投资收益。国有资产收益分配，在微观上就是指国有企业中的投资者凭借资产所有权享受的利润分配。由于国家是以社会管理者和生产资料所有者的双重身份参与国有企业收益的分配的，国家以社会管理者身份参与国有企业收益分配，体现的是国家凭借政治权力的税收分配关系，反映的是税收分配的统一性、规范性；而国家以生产资料所有者身份参与国有企业收益的分配，体现的是国家凭借资产所有权享有的利润分配关系，反映的是利润分配的相对灵活性。因此，所有国有企业的利润分配，既要按照企业利润分配的一般顺序要求进行分配。同时，国有企业上缴给国家的国有资产收益的多少，又会受到国家政策的影响。

（1）国有企业的利润分配的顺序

在我国现实条件下，国有企业和其他所有企业一样，在实现销售收入和营业收入后，必须依法向国家交纳税金，企业实现的利润，在上缴企业所得税以后，税后利润按如下顺序分配。①抵补被没收的财产损失，支付税收滞纳金和罚款；②弥补以前年度的损失；③按税后利润扣除前两项后的 10% 提取法定的盈余公积金，达到注册资本金的 50% 时可以不再提取；④提取公益金；⑤投资者凭借资产所有权分配利润。

（2）国有资产收益分配的主要内容

国有资产收益分配主要包括国有企业上缴国家的收益和企业留存收益两部分。企业上缴国家的收益是国家凭借资产所有权从企业税后利润中应分得的收益。企业留存收益是指企业税后利润中的留存部分。按照所有权关系，国有企业这部分留存收益也是国家所有者的权益，必须归国家所有，只是留存在企业，归企业使用。企业应上缴国家的国有资产收益主要包括以下具体内容。①国有企业上缴利润，也就是国家作为所有者从国有企业税后利润中应分得的收益；②股份有限公司中的国有股份的股息和红利，即按照同股同利原则所形成的国有股收益；③非国有企业占用和租赁国有资产形成的国有资产收益；④国有资产所有权转让收入；⑤国有资产使用权转让收入。

5. 深化国有企业改革的必要性

在我国社会主义市场经济条件下，深化国有企业改革，对于处理好公共经济与民间经济的关系，调整我国国有资产布局结构，提高国有资产的运营效率具有十分重要的战略意义。

（1）深化国有企业改革，是处理好公共经济与民间经济关系的需要

发展我国社会主义市场经济，必须处理好政府与市场的关系，使市场机制在资源配置中发挥基础性作用。其中，政府应该在弥补市场缺陷和纠正市场失灵的公共领域

具体承担面向社会提供公共产品、正外溢性产品和自然垄断产品的公共职责。政府投资兴办的产业应该主要是满足社会公共需要的公共产业、外溢性产业和自然垄断产业。至于非公共性、非外溢性和非自然垄断性的一般竞争领域的产业，应该由民间经济主体自主投资和经营。只有这样，才能更好地发挥政府与市场的功能，提高整个社会资源的利用效率。由于我国国有企业是计划经济体制延续下来的产物，并大量分布在了一般竞争领域，形成了严重的公共"越位"现象。改革开放以来，我国国有企业虽然部分退出了一般竞争领域，但分布在一般竞争领域的国有企业数量仍然过多，一般竞争领域的国有资产规模仍然过大，只有继续深化国有企业改革，使之逐步退出一般竞争领域，才能真正处理好我国公共经济与民间经济的关系，促进我国社会主义市场经济的健康发展。

（2）深化国有企业改革，是调整我国国有资产布局结构的需要

合理调整我国国有资产布局，形成合理的国有资产布局结构，既是国家提出的战略方针，也是实现我国社会经济协调发展的需要。在调整我国国有资产布局方面，一是在国有资产的行业布局上，必须将国有资产重点分布在涉及国家安全的行业、提供公共产品的行业、自然垄断行业、具有重要外溢性的基础产业和高科技产业等关系国计民生和控制国民经济命脉的部门和行业。二是在国有资产的区域布局上，必须按照有利于带动我国区域经济协调发展的原则，调整我国国有资产的布局结构。我国国有资产布局结构的调整，不仅需要对今后的国有资产投资增量进行统筹安排和合理分布，而且也必须对现有的国有资产存量进行适当调整。只有深化国有企业的产权制度改革，通过民间资本置换方式，使国有资产逐步退出一般竞争领域，才能达到收缩国有资产分布范围，增强国有资产对社会经济控制力和引导力的国有资产布局结构调整的目的。

（3）深化国有企业改革，是提高我国国有资产运营效率的需要

分布在我国国有企业的经营性国有资产的运营效率相对较低，一直是影响我国社会经济发展的一个非常突出的问题。究其原因，主要是政府公共投资"越位"导致的"代理成本"过高。而消除过高"代理成本"的最直接、最有效的办法，是克服政府公共投资"越位"，并取消不合理的"代理"行为。因此，深化国有企业的产权制度改革，在一般竞争领域最大限度地引入民间资本，直到国有资本最终退出一般竞争领域，消除政府公共投资的"越位"现象，不仅有利于压缩国有资产的分布范围，提高国有资产的运营效率，而且有利于提高我国整个社会资源利用的效率。

第五章　税收的发展与负担

第一节　税收经济与民生

一、税收与经济

经济决定税收，税收反作用于经济，且对经济有重要的影响，是现代市场经济条件下调节经济的重要杠杆。

（一）经济决定税收

经济是税收得以存在和发展的基础。经济发展的广度和深度决定了税收分配的范围和程度，从根本上决定新税种的产生、发展和更替。商品生产、贸易的发展和繁荣使商品课税成为可能，而跨国经济的发展又促使税收分配范围向国际延伸，国际税收也随之产生和发展。不仅如此，税种的构成和税制模式的选择，也在很大程度上受经济发展水平的制约。

第一，经济规模决定税收规模。税收收入增减变动的影响因素十分复杂，在稳定的税收政策和既有的征管水平下，经济规模对税收规模有着决定性的影响，经济规模越大，税收规模也越大，反之，税收规模就越小。

第二，经济结构决定税源结构。一是产业结构决定税源结构，二是所有制结构决定税源结构，三是地区经济结构决定税源结构。我国东南沿海地区经济发达，因而来自该地区的税收占到了全国税收的 30% 以上。

第三，经济状况决定税收征管。一是经济的发展决定征管的范围。如随着跨国、跨地区经营的大企业集团不断涌现，税源的复杂性、隐蔽性和流动性越来越强，国际税收征管日益重要。二是经济多元化，决定税收征管方式和方法的多样性。如规模限额以上的建账企业实行查账征收，对不建账的小企业和个体工商户则实行核定征收。三是经济发展水平或阶段决定征管模式。我国改革开放后，以经济建设为中心，实行有计划的商品经济，建立了"征收、管理、检查三分离"的征管模式。随着社会主义市场经济体制的确立与发展，又逐步形成"以纳税申报和优化服务为基础，以计算机网络为依托，集中征收，重点稽查，强化管理"的现行征管模式。

（二）税收影响经济

随着税收分配广度和深度的增加，税收职能也随之拓展，税收对经济的影响和作用不断扩大，税收对经济的宏观调控作用日益加强。

第一，调节生产结构。生产结构包括生产力地域结构、产品结构或产业结构等多个方面。从生产力地域结构来看，如果各地区税收政策没有区别，生产力就会涌向客观条件较好的地区，就会出现各地区经济发展不平衡的现象，如果在税收政策上根据各地区的不同情况区别对待，对客观条件较差的地区给予一些税收优惠待遇，就会促进这些地区的经济发展，使生产力地区结构更加合理。从产品结构或产业结构来看，税收对产品或产业的盈利水平有着重要的影响。在价格水平不变的前提下，增加税收就会减少利润，从而限制某种产品或产业的发展；反之，减少税收就会增加利润，从而鼓励某种产品或产业的发展。从再生产各环节关系看，税收可以影响工商业的利润水平，对工商业结构具有重要的调节作用。

第二，调节消费结构。消费结构除取决于购买者的消费偏好外，还受商品的比价关系以及消费者购买力的影响。通过对消费品的选择课税，可以改变各消费品之间的比价关系，进而影响消费者的消费选择；另外，通过对消费品的课税，可以相对改变消费者的购买力，进而影响对某些消费品的销量。税收通过对消费结构的影响进而影响生产结构，促进生产结构的改善，促进经济的良性发展。

第三，调节分配结构。税收分配活动几乎覆盖经济活动的所有领域，涉及社会再生产的全过程和各个环节。税收对分配结构的调节，主要是通过调节积累基金和消费基金的比例发挥作用的。如果对投资固定资产课税，就控制了积累基金的数额；如果对企业课征较高的企业所得税，就减少了企业的税后留利，进而减少了企业用于投资的资金，减少了企业的积累基金；如果对个人所得课税，就控制了消费基金的数额。

税收的调节作用并不是无限的，它要受到诸如市场发育程度、通货膨胀、经济一体化、政治等外部因素以及税负转嫁、税收征管能力、税收成本、税收法律意识和纳税意识等内部因素的制约。这些因素可能改变政府制定税收政策和税收制度的意图和目的，达不到预定的调节目标或使其调节效果减弱。

进一步理解税收影响经济，可以从以下几个方面来认识。

1.国家是利用税收影响经济的主体

国家对市场经济施加影响，是因为市场的缺陷和失灵。税收是国家用以调节和干预经济的重要手段，是重要的经济杠杆。在这一手段的形成和运用过程中，国家的意图起着重要的作用，国家始终处于主导地位。由于运用税收手段对经济进行调控具有层次性，国家在运用税收影响经济运行的过程中，就必然细化为决策主体和执行主体。

决策主体是国家及其代表。决策主体根据国家需要和客观经济与社会发展形势进行分析判断，以确定其影响的目标，并制定相应的税收法律、法规，进而确定实施税收调控的运行实体。国家决定着税收影响经济的政策导向、预期目标和主要手段，所以国家是利用税收手段影响经济的决策主体。

执行主体是管理国家事务的政府。就税收而言，就是负责进行税收征收管理的政府部门。执行主体在执行税收法律法规的过程中，必须体现决策主体的决策意图，必须依照税法进行征收管理，并及时准确地向决策主体反馈客观经济运行情况。只有税收征收管理部门依法进行征收管理，执行主体与决策主体的行为保持一致，才能保证国家的立法意图得以实现，才能保证税收对经济产生正向影响，实现调控目标，因此，执行主体是税收影响经济至关重要的要素。

2. 经济发展和社会稳定是利用税收影响经济的终极目标

任何一个国家和政府都希望实现经济发展和社会稳定，税收作为必不可少的手段，对经济的影响目标必然归结到经济发展和社会稳定上来。在实践中，世界各国政府通常把实现经济发展和社会稳定目标分解为经济稳定与增长、充分就业、物价稳定和国际收支平衡四大目标。在全球经济一体化的环境中，经济发展必然包涵宏观经济的稳定和增长以及国际收支平衡的要求。同时，充分就业和物价稳定是社会稳定的重要标志，是实现经济发展的重要保证。

3. 税收政策、税收制度及宏观税负是实现税收影响经济的重要手段

税收政策是指国家根据不同时期的经济形势及社会情况而选择的能与国家的其他经济政策、社会政策相配套的可保持经济发展和社会稳定的一种税收准则。税收政策的核心问题是宏观税负。在一般情况下，政府根据经济周期的现状，采取降低或提高税率的办法，实现紧缩性、扩张性或中性的税收政策，促进社会总供给与总需求在总量和结构上实现基本平衡，从而保障经济稳定增长和社会安定。

税收制度是指国家以法律或法规的形式确定的各种征税办法的总称，它体现国家的税收政策，决定着一个国家的宏观税负。税收制度具体内容包括税种的设置以及各税种的征税对象、纳税人、税率、纳税环节、纳税期限、减免税以及违章处理等。通过税种的设置或取消以及各税种要素的变更可以改变国家的公共财力以及纳税人的分配格局和利益格局，从而对经济产生影响。

宏观税负包括税负水平和税负结构两个方面。前者是指一定时期（一般是一年）一个国家的税收收入总额占国内生产总值的比重；后者是指在宏观税负水平一定的前提下，税负在不同纳税人、不同行业、不同产业、不同产品、不同地区间的差异情况。国家可以通过宏观税负水平及其结构的调整，达到既能满足国家的正常需要，又能平衡纳税人之间、行业之间、地区之间、产业之间、产品之间的税负的目的。

税收政策、税收制度和宏观税负相互作用、相互影响，共同组成影响经济的手段体系。

（三）制约税收影响经济的因素

税收对经济的影响既有积极的影响，又有消极的影响。

1.制约税收影响经济的外在因素

（1）市场发育程度

税收影响经济是通过参与社会产品的再分配进而改变纳税人的利益格局而实现的，而这种利益格局的改变是以市场经济的存在为前提的。如果市场发育不成熟，市场机制不健全，市场经济主体就很难对税收的影响做出及时、准确的反应。

（2）通货膨胀

一方面，通货膨胀影响税收分配，表现在有些税种的实际税负下降，有些税种的实际税负上升，影响税收调控作用的正常发挥；另一方面，税收有可能成为通货膨胀的促进因素。表现在税收名义增加，政府实际支出加大，税负增加引起价格上涨；延迟纳税，欠税情况严重，而政府开支不能停止，因此政府会增加新的货币投放。另外，在通货膨胀期间，为治理通货膨胀而进行税制改革，也会增加税收的执行成本。

（3）经济一体化

经济活动的跨国发展超越了国家税收影响的地域范围，要利用税收来调节经济，需要进行国际协调，需要国与国之间的配合。经济一体化要求税收一体化，要求一国政府充分考虑税制改革对生产要素和商品的国际流动带来的影响，防止资源和税收利益外流；在各国税制存在巨大差异的情况下，跨国经济活动为纳税人进行逃税和避税提供了广阔空间，这样，也会削弱税收影响经济的积极作用，使国家的税法立法宗旨难以实现；经济一体化使国家之间的税收关系更加密切，在制定国内税收政策和税收制度时，要同时考虑资本输出国与资本输入国双方的经济利益和主权。

（4）政治因素

对税收调节经济产生影响的政治因素主要有以下内容。

政治体制。在大多数国家，政府的征税权是由宪法授予的，因此，政府的税收政策、税收制度、征管办法都不得与宪法相违背。

税收政策的出台或调整，包括新的税收调节措施，要有广泛支持的政治基础。所以，税收调节经济的实现也就离不开广泛支持的政治基础。

税收调节经济作用的实现可能因政治上的直接干预而失效，主要表现为对税收政策的干预和对税收政策实施过程的干预，包括对税收征管工作的人为干预。

2. 制约税收影响经济的内在因素

（1）税负转嫁

将税负转嫁出去，会改变政府制定税收政策和税收制度的意图和目的，达不到税收政策和税收制度的调节经济的目的或使其调节作用减弱。

（2）税收征管能力

征管能力制约税收对经济的影响主要表现在以下几个方面。一是有些税收如财产税、资本利得税和遗产税，因征管能力不强而影响税收调节社会财富再分配的功效；二是客观经济的复杂多变性，加之征管能力的不足，使得税收调节经济的作用难以实现，导致其效果大打折扣。

（3）税收成本

从理论上讲，政府征税的目的之一是弥补市场缺陷和改善资源配置，不存在经济成本。但税法实施时往往会存在错误和失误，这样不仅起不到积极的作用，反而会对经济发展产生消极的影响。同时，纳税人有时会为了降低税负而进行偷税和避税，这样也会造成资源的浪费。这些都是税收的经济成本。

（4）税收法律意识和纳税意识

税收法律意识是指人们在生产和消费的决策过程中对税收影响的重视程度，也就是人们对税法的敏感程度。市场主体的税收法律意识越浓，对税法的敏感度越高，税法对经济的影响就越容易实现。纳税意识是指纳税人对履行纳税义务的认识程度和自觉程度。人们的纳税意识越强，税法就越容易得到贯彻实施，税法对经济的影响调节作用也就越容易实现。

二、税收与社会民生

广义上的民生概念几乎可以延伸到经济、社会、政治、文化等所有领域。狭义上的民生概念主要是指民众的基本生存和生活状态以及民众的基本发展机会、基本发展能力和基本权益保护的状况等。就业是民生之本，收入分配是民生之源，社会民生以充分就业和物价稳定为主要内容。税收对社会民生的影响主要表现为对就业和物价的影响。

（一）税收对就业水平的影响

现实的国民收入水平往往低于潜在的国民收入水平，表明生产要素没有得到充分利用，因而发生失业。从总供给和总需求的关系看，造成失业的主要原因是有效需求不足。现实中，有效需求不足又是由边际消费倾向递减、资本边际效率递减等因素影响所致。税收收入的变动会直接导致有效需求的变动，并间接影响就业水平。当现实的国民收入水平小于潜在的国民收入水平时，降低税率，减少税收收入占国民收入的比重，增加国民手中的货币持有量，有利于扩大有效需求，增加支出，增加就业；反之，提高税率，增加税额，减少有效需求，减少产出，就会减少就业。

（二）税收对物价水平的影响

物价水平是由总需求和总供给共同决定的。当供需平衡时，既决定了均衡的国民收入水平，又决定了均衡的价格水平。税收对物价的影响主要通过对总需求的影响来完成。当总需求大于总供给时，提高税率，增加税额，抑制有效需求，进而抑制价格上升；反之，降低税率，减少税额，扩大总需求，促进价格上升。当原材料价格上升时，工资水平提高冲击成本时，如果提高销售税率和所得税率，就会引起成本进一步上升，而导致价格水平进一步上升；反之，降低销售税率和所得税率，可抑制原材料和工资的上升势头，降低成本，实现抑制价格水平上升。

（三）有动稳定与相机抉择的税收政策

在市场机制的自发作用下，充分就业和物价稳定并不能自动实现。为了避免经济活动大幅度波动，防止出现"滞胀"现象，政府必须制定一整套的经济政策来调节社会总供给和总需求的关系，消除经济不稳定因素。

在储蓄大于投资时，可以通过税收小于政府支出来弥补这一缺口；反之，可以通过税收大于政府支出来调节供求平衡。税收对总供求平衡的调节有自动稳定的税收政策和相机抉择的税收政策。

1. 自动稳定的税收政策

自动稳定的税收政策是指税收制度本身对经济波动有较强的适应性。当经济处于停滞状态时，税收会自动地减少从而拉升总需求；当经济处于通胀状态时，税收会自动地增加从而抑制总需求。通常认为，税收和国民收入之间呈递增的函数关系，税收的收入弹性为正值。税收收入的弹性越大，其自动稳定的作用就越强。不同税种的收入弹性不相同，直接税的收入弹性大于间接税。因此，直接税（采用累进税率或有起征点的比例税率）的自动稳定效果优于间接税（采用没有起征点的比例税率）；累进程度高的税种其自动稳定效果优于累进程度低的税种。因此，人们把所得税称为"经济的内在稳定器"。

自动稳定的税收政策能比较及时地对经济形势的变化做出反应，但也有其局限性，只能减轻而不能消除经济的波动。因此，自动稳定的税收政策必须与其他经济政策配套运用。

2. 相机抉择的税收政策

相机抉择的税收政策是指政府根据不同时期的经济形势，运用税收政策有意识地调整经济，消除经济活动中的不稳定因素。相机抉择的税收政策包括税收的增加、减少，或同时辅之以政府支出规模的增减。

当总需求不足时，为防止经济的衰退和停滞，应采取减税的办法或同时辅之以扩大政府支出的规模，以刺激总需求的增加。当总需求过旺，发生通货膨胀时，为了抑制物价水平的进一步上升，应采取增税的办法，或同时辅之以缩小政府支出的规模，以抑制经济过热。

相机抉择的税收政策，在调节需求的同时，减税、增税、减支和增支的政策不仅可能导致有效供给的增加，而且不同税种的效应也不相同，所以，在选择税收政策时也要具体问题具体分析，审慎行事。相机抉择的税收政策对经济稳定的效果也会受到许多因素的制约。首先，税收政策时滞包括认识、决策、执行、反应等多方面的。其次，紧缩需求的税收政策较刺激需求的税收政策更难得到公众的配合和支持，增加政府操作上的难度，这样的税收政策很难得到顺利贯彻和实施，其作用更难发挥。另外，相机抉择的税收政策需要与其他的经济政策相配合。

第二节　税收与公共服务

社会公共服务是为满足公民的生存、生活、发展等社会性直接需求，如公办教育、公办医疗、公办社会福利等。

一、财政是提供政府公共服务的财力保障

财政从实际意义来讲，是指国家（或政府）的一个经济部门，即财政部门，它是国家（或政府）的一个综合性部门，通过其收支活动筹集和供给经费和资金，保证实现国家（或政府）的职能。从经济学的意义来理解，财政是一个经济范畴，是一种以国家为主体的经济行为，是政府集中一部分国民收入用于满足公共需要的收支活动，以达到优化资源配置、公平分配及经济稳定和发展的目标。财政包括财政收入和财政支出两个部分。按财政支出与国家职能关系可将财政支出分为①经济建设费支出，包括基本建设支出、流动资金支出、地质勘探支出、国家物资储备支出、工业交通部门基金支出、商贸部门基金支出等；②社会文教费支出，包括科学事业费和卫生事业费支出等；③行政管理费支出，包括公检法支出、武警部队支出等；④其他支出，包括国防支出、债务支出、政策性补贴支出等。由此可见，财政支出的范围基本上就是政府提供公共服务的范围。国家集中的财政收入只有按照行政及社会事业计划、国民经济发展需要进行统筹安排运用，才能为国家完成包括政府提供公共服务在内的各项职能提供财力上的保证。

二、税收是财政收入的主要来源

所谓国家的财政收入，是指国家通过一定的形式和渠道筹集起来的资金，如发行货币获得的收入、公债取得的收入以及税收取得的收入等。总的来说，政府的财政收入包括利润收入、债务收入、税收收入以及其他收入。其中，税收是国家组织财政收入最主要和最普遍的形式，在财政收入中占主导地位，是财政收入最主要的来源。税收是一个国家财政收入最为稳定的部分，作为国家组织财政收入的基本形式，税收是国家发展最基本的物质保障。

三、税收是纳税人用来购买政府公共产品和公共服务的款项

在我国，税收是取之于民、用之于民的，国家利益、集体利益和个人利益在根本上是一致的。每个公民都是权利和义务的统一体，财政和税收的关系决定了每个公民在享受国家从公民那里取得的以税收收入为主的财政收入，为公民提供的各种服务时，公民作为纳税主体，也应承担相应的纳税义务。因此，税收的本质是纳税人用来购买政府公共产品和公共服务的款项。

另外，在公共产品和公共服务的购买过程中，应当由作为公共产品和公共服务买方的纳税人选择供货方，决定公共产品和公共服务的种类、数量和质量，决定价款的数量和付款的方式。同时，对作为公共产品和公共服务卖方的政府的行为进行强有力的制约和控制，使其只能为纳税人提供价廉物美的公共产品和公共服务，而不至于恣意行事，损害纳税人的利益。

总的来说，税收和财政是不可分离的，税收是财政收入的一种基本手段，国家财政通过国民收入的再分配，缩小公民之间的收入差距，促进社会公平，保障和提高人民的生活水平，从而推动社会主义和谐社会的建设。

第三节　税收负担的理论与确定

一、税收负担的概念

（一）税收负担的概念

税收负担简称"税负"，是指纳税人因履行纳税义务而承受的一种经济负担。税收负担是国家税收政策的核心。

税收负担从绝对额来说，是指纳税人应支付给国家的税款额；从相对额来说，是指税收负担率，即纳税人的应纳税额与其计税依据价值的比率，这个比率通常被用来比较各类纳税人或各类课税对象的税收负担水平的高低，因而是国家研究制定和调整税收政策的重要依据。任何一项税收政策首先要考虑的就是税收负担的高低。税负水平定低了，会影响国家财政收入；定高了，会挫伤纳税人的积极性，妨碍社会生产力的提高。一般来说，税收负担水平的确定既要考虑政府的财政需要，又要考虑纳税人的实际负担能力。

（二）税收负担分类

1. 绝对税负与相对税负

依据税收负担水平衡量方式不同进行的划分，税负可分为绝对税负和相对税负。

绝对税负，是用绝对额表示的税负程度。对纳税人个体而言，绝对税负是指在一定时期内所缴纳的税款总额，一般用"负担额"表示。对全社会所有纳税人而言，绝对税负是指一国在一定时期内的税收收入总额。

相对税负，是用相对额（百分比）表示的税负水平，用纳税人在一定时期内依率计征所缴纳的税额与其实际收益比较，一般称之为"负担率"。若要分析和计量全体国民的相对税负，则将一国在一定时期内的税收收入总额与同期国内生产总值做比较，即"税收收入／国内生产总值"。

2. 名义税负与实际税负

以纳税人实际承受税收负担的量度为依据划分。

名义税负，是指纳税人在一定时期内依据税法应向国家缴纳的税额，考察的是纳税人的全部税款与其收入的对比关系。

实际税负，是指纳税人在一定时期内实际缴纳的税额，用纳税人在一定时期内的实纳税额占其实际收益的比率来表示。

3. 直接税负和间接税负

依据税收负担是否转嫁的角度划分。

直接税负，是指纳税人向国家缴纳的税款不能转嫁他人，而是由纳税人自己负担。

间接税负，是指税款由纳税人通过各种方式部分或全部转让他人负担。

4. 平均税负和边际税负

从总量和增量的关系角度进行的划分。

平均税负，反映的是每单位的税基所承担的税收负担。平均税负可从多个角度进行考察，当考察某个税种的平均税负时，将在一定税率条件下的全部税款与课税对象相比较（此时，平均税负与平均税率是一致的）；当考察某个纳税人的平均税负时，用纳税人在一定时期内缴纳的各种税收的总和与纳税人的全部收入相比较。

边际税负，反映的是最后一单位税基所承担的税收数量。边际税负也可从不同角度进行考察。在考察某个税种的边际税负时，可用边际税率来反映。在分析某个或某类纳税人的边际税负时，一般用纳税人缴纳各种税收总额的增量与纳税人收入增量进行比较。

5.宏观税负和微观税负

根据考察税收负担的范围不同划分。

（1）宏观税收负担

宏观税负是指一个国家的税负总水平，通常以一定时期（一般为一年）的税收总量占国内生产总值（GNP）或国内生产总值（GDP）或国民收入（NI）的比例来表示。生产力发展水平、政府职能的范围以及政府非税收入规模等是决定宏观税负水平高低的主要因素。宏观税负问题始终是税收政策的核心，宏观税负水平合理与否对于保证政府履行其职能所需的财力，发挥税收的经济杠杆作用有着重要意义。

（2）微观税收负担

微观税收负担指某一纳税人在一定时期或某一经济事件过程中，所缴纳的全部税收占同期或该事件的经济收入的比例。微观税收负担的纳税主体一般是具有某种共同特点或彼此间关系密切的某类纳税人，而不是单个纳税人或无关联性的纳税人。研究微观税收负担目的是解决微观经济领域中税收负担的公平合理问题，从而维护市场机制，促进市场经济体制的完善和发展。

微观税负又称为狭义税负，是从纳税人的角度考察企业、个人等微观经济主体的税收负担水平。合理确定微观税负比例，有利于调动纳税人的积极性，保持合理的利润水平。

微观税收负担是纳税人实纳税额占其可支配产品的比重，是单个纳税人的税收负担及其相互关系，反映税收负担的结构分布和各种纳税人的税收负担状况。微观税收负担率主要有以下几个指标。

①企业综合税负率

现代税收体系一般是复合税收体系，由多个税种构成，企业在生产过程中往往要缴纳多种税。企业综合税负担率就是指一定时期内，企业实际缴纳的各种税收总额与同期企业的总产值（毛收入）的比率。计算公式如下：

企业综合税负担率＝企业实际缴纳的各种税款总额／企业总产值（毛收入）×100%

该指标表明国家参与企业各项收入分配的总规模，反映企业对国家所做贡献的大小，也可以用来比较不同类型企业的总体税负水平。其中，企业实际缴纳的各种税款包括流转税、所得税、财产税和行为税等各类税收。

②企业直接税（收益）负担率

企业直接税负担率亦称纯收入直接税负担率，是企业在一定时期所缴纳的直接税的税款占同期企业收益（利润）总额的比率。所得税和财产税作为直接税，一般不会发生税负转嫁，纳税人实际缴纳的税款占其同期收入的比重可以反映企业直接税的负担水平。计算公式如下：

企业直接税负担率＝企业实缴所得税和财产税额／企业利润总额 ×100%

该指标表明企业实现的利润总额中，以直接税的形式贡献给国家的份额。该指标可用于对比不同企业税负轻重，还可用于说明同一纳税人不同历史时期的税负变化，以及说明法定或名义税负水平与纳税人实缴税款的差额。

③企业增值负担率

企业增值负担率是企业在一定时期所缴纳的各种税款总额占同期企业实现的增值额的比率。计算公式如下：

企业增值负担率＝企业实缴的各项税款／企业实现的增值额 ×100%

该指标表明在企业创造的增值额中，以税金的形式上缴给国家的份额，以此分析企业在不同时期新增价值中税负的变动情况。

④企业净产值负担率

企业净产值负担率是企业在一定时期所缴纳的各种税款总额占同期企业实现的净产值的比率。计算公式如下：

企业净产值负担率＝企业实缴的各项税款／企业的净产值 ×100%

⑤个人所得负担率

个人所得负担率是个人在一定时期所缴纳的所得税款占同期个人收入总额的比率。计算公式如下：

个人所得负担率＝个人所得实缴税款／个人收入总额 ×100%

该指标表明个人在一定时期内的收入负担国家税收的状况，体现国家运用税收手段参与个人收入分配的程度。

二、税收负担的确定

（一）税收负担确定原则

1. 国外税收负担原则的发展

国外税收负担原则的有关理论研究基本上是包含在税收原则之中的，需要从税收原则中进行梳理和总结。

（1）威廉·配第的税收原则

英国古典政治经济学创始人威廉·配第，第一次提出税收原则理论，并围绕公平税收负担这一基本观点进行论述，提出税收应当贯彻"公平""便利""节省"三条标准。

（2）亚当·斯密的税收原则

英国古典政治经济学家亚当·斯密，提出了著名的税收四原则，即平等、确实、便利、节约，其中，平等原则是指公民应根据自己的纳税能力来承担政府的经费开支，按照其在国家保护之下所获得收入的多少来确定缴纳税金的额度。

（3）萨伊的税收原则

法国经济学家萨伊提出税收五项原则：税率最适度原则、节约征收费用原则、各阶层人民负担公平原则、最低程度妨碍生产原则、有利于国民道德提高原则，其中，第一项、第三项原就是针对税收负担而言的。

（4）瓦格纳的税收原则

瓦格纳是德国社会政策学派代表人物。他提出的国民经济原则中的慎选税种原则，是指税种的选择要考虑税收负担的转嫁问题，因为它关系到国民收入的分配和税收负担的公平。

社会正义原则中，指出税收负担应在每个人和各个阶级之间进行公平地分配，要通过政府征税矫正社会财富分配不均、贫富两极分化问题。

2. 现代税收负担原则的理论分析

现代财政理论中，有关税收负担原则的基本思想有理查德·马斯格雷夫提出的公平和效率原则。公平原则是指税收负担的分配应当公平，应使每个人支付合理的份额。效率原则是指税收办法的选择应当尽量不影响有效市场上的经济决策。税收的额外负担应该减少到最低限度。

（二）我国确定税收负担的原则

1. 取之有度

虽然国家对财政资金的需要是无限度的，但国民经济的现有水平决定了税收的承受能力。由于国家税收最终总是由纳税人来承担的，在一定的经济发展水平下，经济体系的税收负担能力是有限的，税收负担如果超过了经济的承受能力，就会损害国民经济的发展。因此，在确定税负总水平时，要兼顾国家需要和国民经济的承受能力，否则就会损害国民经济的健康发展。因此，在确定税收负担水平时，要兼顾国家需要和国民经济的承受能力，以促进宏观经济与微观经济的协调发展，培植更加丰茂的税源，促进税收收入的持续发展。

2. 量能负担

社会总体税负水平的确定要依据国民经济的负担能力，纳税人的个别税负也要依据不同部门、不同行业纳税人的个别负担来确定。

（三）税收负担的影响因素

由于税收负担必须考虑需要和可能两方面的情况，因此，一个国家在制定税收政策、确定总体税收负担时，必须综合考虑国家的总体经济发展水平，并根据不同的经济调控需要，来制定税收负担政策。一般来看，影响税收负担水平的主要因素有以下几点。

1. 社会经济发展水平

一个国家的社会经济发展总体水平，可以通过国内生产总值和人均国内生产总值这两个综合指标来反映。国家的国内生产总值越大，总体负担能力越高，特别是人均国内生产总值，最能反映国民的税收负担能力。一般而言，在人均国民收入比较高的国家，社会经济的税负承受力较强。世界银行的调查资料也表明，人均国内生产总值较高的国家，其税收负担率也较高，人均国内生产总值较低的国家，其税收负担率也较低。

我国人均国内生产总值比较低，属于发展中国家。国家通过税收能够积累多少资金，社会总体税收负担应如何确定，既不取决于人们的主观愿望，也不能只考虑国家的需要，必须首先考虑社会经济体系和纳税人承受能力。只有税收负担适应本国经济发展水平和纳税人的承受能力，税收才能在取得所需的财政收入的同时，刺激经济增长，同时提高社会未来的税负承受力。如果税收负担超出了经济发展水平，会阻碍社会经济的发展。

2. 国家的宏观经济政策

国家为了发展经济，必须综合运用各种经济、法律以及行政手段，来强化宏观调控体系。政府应根据不同的经济情况，采取不同的税收负担政策。如在经济发展速度过快过热时，需要适当提高社会总体税负，使国家可以集中较多收入，减少企业和个人的收入存量，抑制需求的膨胀，使之与社会供给总量相适应。此外，国家还要根据经济情况的发展变化，在征收中实行某些必要的倾斜政策和区别对待办法，以利于优化经济结构和资源配置。

3. 税收征收管理能力

由于税收是由国家无偿征收的，税收征纳矛盾比较突出。因此，一个国家的税收征收管理能力，有时也对税收负担的确定有较大的影响。一些国家的税收征收管理能力较强，在制定税收负担政策时，就可以根据社会经济发展的需要来确定，而不必考虑能否将税收征上来。而在一些税收征管能力较差的国家，可选择的税种有限，其很难保证税收收入，想提高税收负担也较困难。

税收政策的核心是税收负担。在税收总体负担确定的情况下，负担状况主要受税制本身所规定的各种计税要素的影响。这些要素直接决定了谁是纳税人，应该负担多少税收等问题。税收政策的具体实施主要通过以下几方面来进行：一是确定课税对象，以确定谁是纳税人。二是确定税率的高低。三是确定计税依据。四是确定对谁减免税，怎么减免税。五是加重哪些纳税人或课税对象的税收负担。

第四节　税收负担的转嫁与归宿

一、税负转嫁与归宿的含义

（一）税负转嫁的概念

税负转嫁是指税收负担的转嫁，纳税人缴纳的税款并不一定都由纳税人自己承担，纳税人在纳税后，可通过调整经济活动的方式，将税款转嫁给他人承担，最终承担税款的人被称之为负税人。纳税人和负税人不一致，就意味着存在税收的负担转嫁。因此，税收转嫁是指纳税人将缴纳的税款通过各种途径和方式转由他人负担的过程。税负是在运动着的，总要由纳税人或其他人来承担。

税负运动的结果形成了不同的形态，展示税负转嫁的不同程度。从税收转嫁的过程来看，纳税人的税收转嫁可以是一次完成，被称为一次转嫁；也可能需要多次完成，被称为多次转嫁或辗转转嫁。从税负运动的结果看，形成三种不同的形态，展示税负转嫁的不同程度。税负完全转嫁是指纳税人将自己应负担的税款全部转嫁给他人负担；税负部分转嫁指纳税人将自己负担的税款的一部分转嫁给他人负担，余下部分则由自己负担；税负完全不转嫁是指纳税人缴纳的税款全部由自己负担，不转嫁给他人负担。

纳税人具有独立的经济利益是税负转嫁存在的主观条件，自由价格机制的存在是税负转嫁的客观条件。

准确理解税负转嫁概念应把握以下三点。

1. 税负转嫁是税收负担的再分配

其经济实质是每个人所占有的国民收入的再分配。没有国民收入的再分配，就不构成税收负担的转嫁。

2. 税负转嫁是一个客观的经济运动过程

其中不包括任何感情因素。至于纳税人是主动提高或降低价格，还是被动地接受价格的涨落，是与税负转嫁无关的。纳税人与赋税人之间的经济关系是对立关系，还是交换双方的对立统一关系，也是与税负转嫁无关的。

3. 税负转嫁是通过价格变化实现的

这里所说的价格不仅包括产出的价格，而且包括要素的价格。价格变化不仅包括直接地提价和降价，还包括间接地提价和降价。没有价格变化，就不构成税负转嫁。

（二）税收归宿的概念

税收归宿是指税负运动的终点或最终归着点，税收归宿与税收转嫁存在内在的联系。税收转嫁可能发生，也可能不发生。若不发生税收转嫁，那么税收负担的归宿是纳税人自己，这就是税收的直接归宿；如果发生税收转嫁，那么税收归宿是税收转嫁的结果，此时税收的归宿是间接归宿。从政府征税到税收归宿的全过程来看，政府向纳税人征税，是税收负担运动的起点；纳税人把缴纳的税款转由他人负担，是税收负担的转嫁；税负由负税人最终承担，不再转嫁，称之为税收归宿。税收转嫁是从税收的运动过程来研究税收负担问题，而税收归宿则是从税收的运动结果来研究，因此，税收的转嫁与归宿，实际上是税收负担的分解、转移、归着的过程。研究这一过程的目的在于确定税收负担的归着点及其对社会经济的影响，而这一研究的核心在于税收的转嫁。

按纳税人和负税人的关系，可把税负归宿分为两种。一是法定归宿，是指税收立法机关在税收法律规范中所规定的税负归着点。人们一般把纳税人承担纳税义务视为税负法定归宿，它是从税收法律制度角度分析税负的依据。二是经济归宿，是指税收负担随着经济运动而不断转嫁以后的税负归着点。人们一般把负税人承担的税负视为税负经济归宿，它是从税收经济运行分析税负的依据。

二、税负转嫁的主要形式

税收负担转嫁按纳税人转移税收负担的方向，可以分为向前转嫁、向后转嫁、消转和税收资本化四种方式。

（一）向前转嫁

向前转嫁又被称为"前转"或"顺转"，是指当征税发生时，纳税人按照商品流通的方向，通过提高商品价格的方式，将税款向前转嫁给购买者或消费者。由于前转是顺着商品流转顺序从生产到零售再到消费的，因而也叫顺转。前转的过程可能是一次，也可能经过多次。例如，在生产环节对商品（如香烟）的征税，厂家可通过提高商品价格，把税款转嫁给批发商，批发商转嫁给零售商，零售商最后转嫁给消费者。在这过程的每一个环节发生的税收转嫁有可能是全部，也可能是部分。前转是税收负担转嫁的最基本和最主要的方式。

（二）向后转嫁

向后转嫁又称"后转"或"逆转"，是相对前转而言，税收转嫁的方向与经济运动的方向相反。如果在一般当纳税人的税款无法向前转时，就会通过压低投入商品的购进价格，将税款转移给原材料或商品的供应商。例如，对某商品在零售环节征税，若提价将税负转嫁给消费者负担，商品价格的上涨就会导致需求降低，商品销售量下降，因此，税负向前转嫁有一定的困难。这时，零售商只能设法压低进货价格，把税负后转给批发商或厂商。税收的后转往往需要零售商同批发商或厂商通过谈判的方式来进行。税负后转实现的前提条件是供给方提供的商品需求弹性较大，而供给弹性较小。在这些情况下，尽管已实现了税负前转，还会再发生后转的现象。

（三）消转

消转又被称为"税收转化"，是指纳税人用降低课税成本的办法使税负在新增利润中求得抵补的转嫁方式。纳税人在不提高售价的前提下，以加强经营管理、改进生产技术和工艺、提高工作效率、节约原材料、降低生产成本等方式，将所缴纳的税款在所增利润中求得补偿。严格地说，消转不是真正意义上的税收转嫁形式，因为它既不是提高售价的前转，也不是压低进价的后转，而是通过改善经营管理、提高劳动生产率等措施降低成本增加利润，使税负从中得到抵消，所以称之为消转。

消转有合法消转和非法消转两种形式。前者指采用改进技术、节约原材料等方法，从而降低成本求得补偿；后者指采用降低工资、增加工时、增大劳动强度等方法，从而降低成本求得补偿。

（四）税收资本化

在特定的商品交易（如土地、房屋、证券等）中，买主将购入商品在以后年度所必须支付的税款，在购入商品的价格中要求卖主预先一次性扣除，从而降低商品的成交价格。这种由买主将以后年度所必须支付的税款转由卖主承担，并在商品成交价格中扣除的税收转嫁方式被称为税收资本化，又被称为"资本还原"。

税收资本化是税收后转的一种特殊形式，它同一般商品税后转的相同点在于都是买主将其应支付的税款通过降低购入价格转由卖主负担。不同点在于，税收后转的对象是一般消费品，而税收资本化的转嫁对象是资本性商品，如土地等；税收后转是将每次商品交易发生时交纳的税款随时转嫁，而税收资本化是商品交易后发生的预期累计应缴税款预先作一次性转嫁。

三、税负转嫁的影响因素

一般认为，物价自由波动是税负转嫁的基本前提条件，商品供求弹性、市场结构、成本变动和课税制度等则是税负转嫁的制约和影响因素。

（一）商品供求弹性与税负转嫁

在商品经济中，市场调节的效应往往使税收负担能否转嫁和如何转嫁在很大程度上取决于市场上的供求状况。在自由竞争市场中，课税商品的价格受供求规律的制约，市场上商品的供给和物价的涨落，都非一个或一群生产者所能操纵的。商品价格一旦有变化，需求就随着发生变动，而供给也会发生相类似的变化。

1. 需求弹性与税负转嫁

需求弹性是指商品或生产要素的需求量对市场价格变动的反应的敏感程度。一般用需求弹性系数表示，其公式为：

需求弹性系数 = 需求变动百分比 ÷ 价格变动百分比

一般来讲，需求弹性系数越大，需求量对市场价格变动的反应越敏感。依据需求弹性的差异，税负转嫁可以分为以下三种情形进行考察。

第一，需求完全无弹性，即需求弹性系数等于0。需求量对市场价格的变动毫无反应，其购买量不会因为价格的提高受到影响在这种情况下，企业完全可以通过提高商品或生产要素的价格的方式将税负向前顺次转嫁给其他需求者直至终极的消费者。

第二，需求缺乏弹性，即需求弹性系数大于0小于1。如果购买者或消费者对于提供商品或生产要素的企业进行税款加价的行为反应较弱，即其购买量下降的幅度低于价格提高的幅度，便表明相关商品或生产要素的需求缺乏弹性，此时，因价格提高的阻力较小，企业可以比较容易地将所纳税款通过前转的方式实现转嫁。

第三，需求富有弹性，即需求弹性系数大于1。当企业把所纳的税款附加于商品或生产要素价格之上而诱发购买者强烈反应时，就意味着这些商品或生产要素的需求有较大的弹性。此时，购买者的欲望将会大大地减弱，从而导致有关部门商品或生产要素购买量的下降幅度超过价格上涨的幅度，甚至购买者选择某替代品得以满足。当出现这种情形时，表明企业的定价已超过极限，其结果是，企业提价得到的边际效益抵补不了销量减少的边际损失，致使企业不得不调低价格或阻止价格提高。一旦出现这种情形，企业所纳的税款就无法进行顺向转嫁，而只能谋求逆转给前面的供应者负担。倘若后转不得实现，企业在作为直接的纳税者的同时，又不得不成为终极的负税者。

2. 供给弹性与税负转嫁

供给弹性揭示出商品或生产要素的供给量对市场价格变动反应的敏感程度。一般用供给弹性系数来表示，其公式为：

供给弹性系数 = 供给量变动百分比 / 价格变动百分比

供给弹性的大小对企业组织税负转嫁的影响，亦可分为以下三种情况进行考察。

第一，供给完全无弹性，即供给弹性系数等于0。供给完全无弹性，说明当某种商品或生产要素因政府征税而价格不能提高时，生产供应企业对价格的相对下降没有任何反应，其生产量不会因价格下降而减少。在这种情况下，企业只能将所纳的税款谋求向后转嫁，甚至无法进行转嫁。

第二，供给缺乏弹性，即供给弹性系数大于0小于1。供给弹性系数小，表明当某种商品或生产要素因政府征税而价格得不到相应的提高时，生产供应企业往往会因生产条件、转产困难等因素的限制而未能或无法对价格的相对下降做出较为强烈的反应，其实际生产供应量调减的幅度不会很大，通常低于价格相对下降的幅度。由于此时生产供应量基本还是维持原有水平，故而价格难有较大幅度的升降，也就导致企业无法将所纳税款以前转的方式转嫁出去，更主要的是考虑能否实现逆转并通过怎样的途径进行。

第三，供给富有弹性，即供给弹性系数大于1。供给富有弹性，意味着当某种商品或生产要素因政府课税而价格不能相应提高时，生产供应者将会对价格的相对下降做出强烈的反应，使得其生产供应量的下降幅度大于价格相对下降幅度。这种情形，一方面表明价格有些偏低，影响市场供应量，使供应量减少，从而隐藏着价格上涨的趋势；另一方面，由于有效生产供应量的不断减少，逐渐出现供不应求，进而直接推动价格趋涨。基于这种考虑，企业便可以将所纳税款的大部分甚至全部以商品加价的方式实现前转，使税负落于购买者身上。

3.供求弹性与税负转嫁

供给弹性与需求弹性的比值即为供求弹性。由于供求间的制衡统一关系，决定了企业税负转嫁及其实现方式不能片面地依从其中某一方面，而必须根据供给弹性和需求弹性的力量对比及转换趋势予以相机决策。一般而言，当供给弹性大于需求弹性，即供求弹性系数大于1时，企业应优先考虑税负前转的可能性；反之，如果供求弹性系数小于1，则进行税负后转或无法转嫁的可能性比较大。如果供给弹性系数等于需求弹性系数，则税款趋于买卖双方均分负担。综合分析，可以得出这样的结论：税负转嫁是商品经济发展的客观存在。以此为基点，直接纳税的企业通常会把能够转嫁出去的税收仅仅作为虚拟的成本（或称为额外的成本），而把不可转嫁的税收视为真正的成本。因此，把纳税人和负税人一致的税种称为直接税种，把纳税人和负税人不一致的税种称为间接税种。

（二）市场结构与税负转嫁

由于市场结构不同，税负转嫁情况也不同。市场结构一般有完全竞争、不完全竞争、寡头垄断和完全垄断四种。

1.完全竞争市场结构下的税负转嫁

在完全竞争市场结构下，任何单个厂商都无力控制价格，因而不能把市场价格提高若干而把税负向前转嫁给消费者，只有通过该工业体系才能在短期内部分地利用提价的办法转嫁给消费者。但在长期供应成本不变的情况下，各个厂商在整个工业体系下形成一股力量，则税负可能可以完全转嫁给消费者。

2.不完全竞争市场结构下的税负转嫁。

商品的差异性是不完全竞争的重要前提。在不完全竞争市场结构下，单个厂商虽很多，但各个厂家可利用其产品差异性对价格做出适当的调整，借以把税负部分地向前转嫁给消费者。

3. 寡头垄断市场结构下的税负转嫁

寡头是指少数几家企业供应市场某种商品的大部分，各家都占市场供应量的一定比重。它们的产品是一致的，或稍有差别。寡头垄断的价格波动不像一般竞争工业那样大。他们互相勾结，达成某种协议或默契，对价格升降采取一致行动。因此，如果对某产品征收一种新税或提高某种税的税率，各寡头厂商就会按已达成的协议或默契并在各家成本同时增加的情况下，自动按某一比例各自提高价格，从而把税负转嫁给消费者负担（除非该产品需求弹性大或差异大）。

4. 完全垄断市场结构下的税负转嫁

完全垄断市场是指某种商品只有一个或少数几个卖主的市场结构，并且没有代用品。垄断厂商可以采取独占或联合形式控制市场价格和销售量，以达到最大利润或超额利润的目的。如果某垄断产品为绝对必需品，且需求无弹性又无其他竞争性的代用品，则垄断者可以随意提价，不会影响销售量，税负就可以全部向前转嫁给消费者。

如果需求有弹性，垄断厂商就不能把税额全部向前转嫁给消费者，而只能考虑部分前转、部分后转。因为如果全部前转，就可能引起价格太高，需求量减少，达不到最大利润。但不管怎样，在完全垄断市场结构下，垄断厂商可以随时改变价格，把税负向前转嫁给消费者。

（三）成本变动与税负转嫁

在成本递增、递减和固定三种情况下，税负转嫁有不同的规律。成本固定的商品，所课之税有可能全部转嫁给消费者，因为此种商品单位成本与产量多少无关。此时，若需求无弹性，税款就可以加入价格实行转嫁。成本递增商品，所课之税转嫁于买方的金额可能少于所课税款额。此种商品单位成本随产量的增加而增加。课税后，商品价格提高会影响销路，卖方为维持销路，只好减产以求降低产品成本。这样税负就不能全部转嫁出去，只能由卖方自己承担一部分。成本递减商品，不仅所课之税可以完全转嫁给买方，还可以获得多于税款额的价格利益。这种商品单位成本随产量的增加而递减，课税商品如无需求弹性，税款就可以加入价格之中转嫁出去。

（四）课税制度与税负转嫁

课税制度中税种的设置及各个要素的设计差异，如课税范围的宽窄、税率的形式和高低、课税方法等对税负转嫁都有一定的影响。

1. 税种性质

商品交易行为是税负转嫁的必要条件。一般来说，只有对商品交易行为或活动课征的间接税才能转嫁，而与商品交易行为无关或对人课征的直接税则不能转嫁或很难转嫁。如消费税、增值税和关税等一般认为是间接税，税负可由最初纳税人转嫁给消费者，这类税的税负还可以向后转嫁给生产要素提供者来承担。而个人所得税、公司所得税、财产税等一般认为是直接税，税负不能或很难转嫁。

2. 税基宽窄

一般情况下，税基越宽，越容易实现税负转嫁；反之，税负转嫁的可能性便会趋小。原因在于税基宽窄直接决定着购买者需求选择替代效应的大小，进而影响市场供求弹性的程度及转嫁态势，导致税负转嫁或易或难的变化。如果对所有商品课税，购买者需求选择替代效应就小，税负转嫁就较容易；反之如果只对部分商品课税，且课税商品具有替代效应，税负就不易转嫁。

3. 课税对象

对生产资料课税，税负辗转次数越多，越容易转嫁，且转嫁速度越快；对生活资料课税，税负辗转次数越少，越难转嫁，且转嫁速度越慢。

4. 计税方法

税收计算的方法大致可以分为从价计征和从量计征两种。从价计征，税额随商品或生产要素价格的高低而彼此不同，商品或生产要素越昂贵，加价税额必然越大；反之，价格越低廉，加价税额亦越小。因此，在从价计征的方法下，通过商品加价转嫁税负难以被察觉，转嫁较容易。而在从量计征方法下，每个单位商品的税额很明显，纳税人很容易察觉到额外的负担。

5. 税负轻重

税负轻重也是税负转嫁能否实现的一个重要条件。在其他条件相同的情况下，如果一种商品的税负很重，出卖者试图转嫁税负就必须大幅度提高价格，这就势必导致销售量的减少。

第六章 所得税

第一节 所得税的理念

一、所得税的概念及特点

（一）所得税的概念

所得税，又被称为收益税，是指以纳税人的所得额或收益额为课税对象的各种税收的统称。严格意义上来说，所得额是收益额的一种。收益额有纯收益额和总收益额之分，其中纯收益额亦称所得额，是指自然人、法人、其他经济组织从事生产经营活动获得的收入减去相应的成本、费用后的余额；总收益额则是指纳税人的全部收入。所得税法律制度规定的所得额，是指纳税人在一定时期内，由于生产、经营等取得的可用货币计量的收入，扣除为取得这些收入所需各种耗费后的净额。

所得税属于直接税，其纳税人和实际负担人是一致的，可以直接调节纳税人的收入，是现代税收制度中的主体税种。所得税的计算涉及纳税人经济活动的各个方面，因此能促使纳税人建立健全会计和经营管理制度，有利于国家通过征税加强监督管理。

现行我国所得税主要包括企业所得税和个人所得税。

（二）所得税的特点

税负不易转嫁。所得税的课税对象是纳税人的最终收益，纳税人一般就是负税人，能够实现公平分配的目标。

税收中性。所得税的增减变化不会对物价产生直接影响，也不会造成资源配置的扭曲。

税负公平。所得税以所得额为课税对象，征税环节单一，一般不存在重复征税现象，能较好地体现量能负担和公平税负的原则。

税制富有弹性。国家可根据需要灵活调整税负，以适应财政收支变化的需要。

计征复杂，征管难度大。

二、所得税税制设计

（一）课征制度类型

1. 分类课征制

分类课征制，即区分各类所得的不同来源，分别课以不同的所得税。

2. 综合课征制

综合课征制，即将纳税人在纳税年度的各种不同来源所得进行汇总，减去法定的扣除额、免税额等，然后就其所得总额课税，如企业所得税。

3. 分类综合课征制

分类综合课征制是在概括分类课征制和综合课征制的基础上形成的一种新的所得税课征制度，如个人所得税。

（二）费用扣除规定

1. 实报实销法

实报实销法也被称为据实扣除法，是指完全根据纳税人的成本、费用支出或实际开支来确定税前扣除额。

2. 标准扣除法

标准扣除法是指对纳税人的必要成本、费用支出或基本生活费用，预先确定一个或多个标准，作为固定数额允许在税前先行扣除。

（三）税率选择

1. 比例税率

采用比例税率，是指对纳税人的所得额无论多少均课以等率税收，纳税人负担水平始终保持一定的比例。

2. 累进税率

采用累进税率，是指依据纳税人的所得额多少而课以不同税率的税收，其税率随所得额的增减而升降，税制富有弹性，能充分体现量能负担、公平税负的原则。

（四）具体课征方法

1. 源课法

源课法是源泉课征法的简称，是指在所得额的发生地进行所得税的课征。源课法一般适用于分类课征，无法体现合理税负的原则。

2. 申报法

申报法，又被称为综合课征法，是指纳税人按税法规定自行申报其应税所得额，由税务机关调查核实后，再根据申报的应税所得依率计算应纳税额，由纳税人一次或分次缴纳。申报法一般适用于综合课征制，符合量能负担和公平税负的原则。

第二节　企业所得税

一、企业所得税的概念

企业所得税是指对境内企业或组织，在一定期间内合法的生产、经营所得和其他所得征收的一种税。具体来说，表现在以下 5 个方面。

（一）统一内外资企业所得税，有利于进一步完善我国社会主义市场经济体制

公平竞争是市场经济的一个重要特征和客观要求。通过统一内外资企业所得税，对各类企业实行统一的所得税制度，可以在税收方面为其创造一个公平竞争的市场环境，从而促进我国社会主义市场经济体制的进一步完善。

（二）统一内外资企业所得税，有利于促进经济增长方式转变和产业结构升级

统一内外资企业所得税，实行鼓励节约资源、保护环境及发展高新技术等以产业优惠为主的税收优惠政策，将有利于进一步发挥税收的调控作用，有利于引导我国的经济增长方式向集约型转变，推动我国产业结构的优化升级。

（三）统一内外资企业所得税，有利于促进区域经济的协调发展

统一内外资企业所得税，将优惠重点由以区域优惠为主转向以产业优惠为主，同时对西部地区需要重点扶持的产业继续实行所得税优惠政策，从而推动西部地区加快发展，缩小东部、中部、西部地区差距。

（四）统一内外资企业所得税，有利于提高我国利用外资的质量和水平

在国内资金比较充足、外资出口稳步增长的情况下，统一内外资企业所得税，调整优惠政策，可以积极引导外商投资方向，在更高层次上促进国民经济结构调整和经济增长方式转变，提高我国利用外资的质量和水平。

（五）统一内外资企业所得税，有利于推动我国税制的现代化建设

20 世纪 80 年代以来，国际上展开了以"降低税率、扩大税基、税收中性、严格征管"为主要特征的税制改革。进入 21 世纪，随着经济全球化的深入发展，各国纷纷推出新的减税计划，从而形成了新一轮的世界性税制改革。在此背景下，我国对内外资企业所得税的统一，降低法定税率，调整税收优惠政策，不仅符合"宽税基、低税率"的

国际税制改革潮流，而且使我国企业所得税制更具现代化，这对促进我国企业提高自主创新能力、增加企业发展后劲具有重要作用。

总之，统一内外资企业所得税，有利于促进我国经济结构优化和产业升级，有利于为各类企业创造一个公平竞争的税收法制环境，是适应我国社会主义市场经济发展新阶段的一项制度创新，是中国经济制度走向成熟、规范的标志性工作之一。

二、企业所得税的纳税人和征收范围

（一）企业所得税的纳税人和扣缴义务人

1. 纳税人

企业所得税的纳税人是指在中华人民共和国境内的企业和其他取得收入的组织（以下统称企业）。企业所得税的纳税人具体包括国有企业、集体企业、联营企业、私营企业、股份制企业、外商投资企业和外国企业、事业单位、社会团体、民办非企业单位和从事经营活动的其他组织，以及在中国境内设立机构、场所从事生产经营或虽然未设立机构、场所，但有来自中国境内所得的外国公司、企业和其他组织。依照中国法律、法规成立的个人独资企业、合伙企业，不属于企业所得税纳税人，不缴纳企业所得税。

企业所得税的纳税人按照国际惯例一般分为居民企业和非居民企业，这是确定纳税人是否负有全面纳税义务的基础。

（1）居民企业

根据企业所得税法律制度的规定，居民企业是指依法在中国境内成立，或者依照外国（地区）法律成立但实际管理机构在中国境内的企业。

依法在中国境内成立的企业，包括依照中国法律、行政法规在中国境内成立的企业、事业单位、社会团体及其他取得收入的组织。

依照外国（地区）法律成立的企业，包括依照外国法律成立的企业和其他取得收入的组织。

实际管理机构，是指对企业的生产经营、人员、账务、财产等实施实质性全面管理和控制的机构。实际管理机构是行使居民税收管辖权的国家判定法人居民身份的主要标准。

（2）非居民企业

根据企业所得税法律制度的规定，非居民企业是指依照外国法律成立且实际管理机构不在中国境内，但在中国境内设立机构、场所的，或者在中国境内未设立机构、场所，但有来自中国境内所得的企业。

2. 扣缴义务人

非居民企业在中国境内未设立机构、场所的，或者虽设立机构、场所但取得的所得与其所设机构、场所没有实际联系的，其来自中国境内的所得缴纳企业所得税，实行源泉扣缴，以支付人为扣缴义务人。税额由扣缴义务人在每次支付或者到期应支付时，从支付或者到期应支付的款项中扣缴。

对非居民企业在中国境内取得工程作业和劳务所得应缴纳的企业所得税，税务机关可以指定工程价款或者劳务费的支付人为扣缴义务人。

（二）企业所得税的征收范围

企业所得税的征收范围包括我国境内的企业和组织取得的生产经营所得、清算所得和其他所得。其中，"所得"包括销售货物所得、提供劳务所得、转让财产所得、股息红利等权益性投资所得、利息所得、租金所得、特许权使用费所得、接受捐赠所得和其他所得；"生产经营所得"是指从事物质生产、交通运输、商品流通、劳务服务，以及经国务院财政部门确认的其他营利事业单位取得的所得；"清算所得"是指企业的全部资产可变现价值或者交易价格减除资产净值、清算费用及相关税费等后的余额；"其他所得"是指股息、利息、租金、转让各类资产所得、特许权使用费、营业外收益等。

居民企业应当就其来自中国境内、境外的所得缴纳企业所得税。

非居民企业在中国境内设立机构、场所的，应当就其所设机构、场所取得的来自中国境内的所得，以及发生在中国境外但与其所设机构、场所有实际联系的所得，缴纳企业所得税。其中，"实际联系"是指非居民企业在中国境内设立的机构、场所拥有据以取得所得的股权、债权及拥有、管理、控制据以取得所得的财产等。

非居民企业在中国境内未设立机构、场所的，或者虽设立机构、场所但取得的所得与其所设机构、场所没有实际联系的，应当就其来自中国境内的所得缴纳企业所得税。

三、企业所得税税率

企业所得税采用比例税率。按照"简税制、宽税基、低税率、严征管"的税制改革基本原则，结合我国财政承受能力、企业负担水平，考虑世界上其他国家和地区，特别是周边地区的实际税率水平等因素，《中华人民共和国企业所得税法》规定，企业所得税税率为25%。但对非居民企业在中国境内未设立机构、场所的，或者虽设立机构、场所但取得的所得与其所设机构、场所没有实际联系的，来自中国境内的所得适用20%的税率。

四、资产税务处理

资产的税务处理主要包括固定资产、无形资产、投资资产、存货、长期待摊费用、生产性生物资产、油气资产等的税务处理。企业所得税法律制度规定纳税人资产的税务处理，目的是要通过对资产的分类，区别资本性支出与收益性支出，确定准予税前扣除的项目和不准税前扣除的项目，正确计算应纳税所得额。

企业转让资产，该项资产的净值准予在计算应纳税所得额时扣除。资产的净值是指有关资产、财产的计税基础减除已经按照规定扣除的折旧、摊销、准备金等后的余额。除另有规定外，企业在重组过程中，应当在交易发生时确认有关资产的转让所得或者损失，相关资产应当按交易价格重新确定计税基础。

（一）资产税务处理的原则

资产税务处理的基本原则是历史成本原则，其中，历史成本是指企业取得该项资产时实际发生的支出。企业持有资产期间资产的增值或者减值，除国务院财政、税务主管部门规定可以确认损益外，不得调整该资产的计税基础。之所以以历史成本为资产税务处理的基本原则主要是由于历史成本真实可靠，符合成本补偿要求，也有利于税收征管。

（二）固定资产的税务处理

固定资产，是指企业为生产产品、提供劳务、提供服务、出租或者经营管理而持有的、使用时间超过 12 个月的非货币性资产，包括房屋、建筑物、机器、机械、运输工具及其他与生产经营活动有关的设备、器具、工具等。固定资产应当按照初始取得成本作为计税基础。根据企业所得税法律制度的规定，固定资产按照以下方法确定计税基础。①外购的固定资产，以购买价款和支付的相关税费及直接归属于使该资产达到预定用途前发生的其他支出为计税基础；②自行建造的固定资产，以竣工结算前发生的支出为计税基础；③融资租入的固定资产，以租赁合同约定的付款总额和承租人在签订租赁合同过程中发生的相关费用为计税基础；租赁合同未约定付款总额的，以该资产的公允价值和承租人在签订租赁合同过程中发生的相关费用为计税基础；④盘盈的固定资产，以同类固定资产的重置完全成本为计税基础；⑤通过捐赠、投资、非货币性资产交换、债务重组等方式取得的固定资产，以该资产的公允价值和支付的相关税费为计税基础；⑥改建、扩建的固定资产，除企业所得税法另有规定外，以改建、扩建过程中发生的改建、扩建支出增加计税基础。

计算应纳税所得额时，按照税法规定计算的固定资产折旧，即按照直线法计算的折旧，准予扣除。但下列固定资产不得计算折旧扣除。①房屋、建筑物以外未投入使用的固定资产；②以经营租赁方式租入的固定资产；③以融资租赁方式租出的固定资产；④已足额提取折旧仍继续使用的固定资产；⑤与经营活动无关的固定资产；⑥单独估价作为固定资产入账的土地；⑦其他不得计算折旧扣除的固定资产。

企业所得税法律制度允许采用的折旧方法一般为直线法，具体包括年限平均法和工作量法。企业所得税法律制度同时还规定，企业的固定资产由于技术进步等原因，确需加速折旧的，可以缩短折旧年限或者采取加速折旧的方法。

企业应当自固定资产投入使用月份的次月起计算折旧；停止使用的固定资产，应当自停止使用月份的次月起停止计算折旧。

企业应当根据固定资产的性质和使用情况，合理确定固定资产的预计净残值。固定资产的预计净残值一经确定，不得变更。

企业所得税法律制度规定，企业在出售、转让固定资产时，处置收入扣除计税成本和相关税费后所产生的所得，应并入应纳税所得额征收企业所得税；所产生的损失，可冲减应纳税所得额；企业发生固定资产毁损、盘亏造成的损失，可作为财产损失在税前扣除。

（三）无形资产的税务处理

无形资产，是指企业为生产产品、提供劳务、出租或者经营管理而持有的、没有实物形态的非货币性长期资产，包括专利权、商标权、著作权、土地使用权、非专利技术、商誉等。无形资产按照初始取得成本作为计税基础。企业按照如下方法确定无形资产的计税基础。①外购的无形资产，以购买价款和支付的相关税费及直接归属于使该资产达到预定用途前发生的其他支出为计税基础；②自行开发的无形资产，以开发过程中该资产符合资本化条件后至达到预定用途前发生的支出为计税基础；③通过捐赠、投资、非货币性资产交换、债务重组等方式取得的无形资产，以该资产的公允价值和支付的相关税费为计税基础。

计算企业所得税应纳税所得额时，按照规定计算的无形资产摊销费用，即按照直线法计算的摊销费用，准予扣除。

无形资产的摊销年限不得低于 10 年。作为投资或者受让的无形资产，有关法律规定或者合同约定了使用年限的，可以按照规定或者约定的使用年限分期摊销。外购商誉的支出，在企业整体转让或者清算时，准予扣除。

（四）投资资产的税务处理

投资资产，是指企业对外进行权益性投资、债权性投资和混合性投资所形成的资产。投资资产成本原则上以投资方实际支付的全部价款，包括支付的税金和手续费等相关费用确定。投资资产按照以下方法确定计税基础。①通过支付现金方式取得的投资资产，以购买价款为计税基础；②通过支付现金以外的方式取得的投资资产，以该资产的公允价值和支付的相关税费为计税基础。

企业所得税法律制度规定，企业对外投资期间，投资资产成本在计算应纳税所得额时不得扣除。企业收回、转让、处置投资，在计算应纳税所得额时，允许扣除相关投资资产的成本。

（五）存货的税务处理

存货，是指企业持有以备出售的产品或者商品、处在生产过程中的在产品、在生产或者提供劳务过程中耗用的材料和物料等。存货应当按照初始取得成本作为计税基础。存货按照以下方法确定计税基础。①通过支付现金方式取得的存货，以购买价款和支付的相关税费为计税基础；②通过支付现金以外的方式取得的存货，以该存货的公允价值和支付的相关税费为计税基础；③生产性生物资产收获的农产品，以产出或者采收过程中发生的材料费、人工费和分摊的间接费用等必要支出为计税基础。

企业所得税法律制度允许企业按照先进先出法、加权平均法或者个别计价法确定发出存货的实际成本，并在税前扣除。计价方法一经选用，不得随意变更。

企业出售、转让存货，处置收入扣除计税成本和相关税费后所产生的所得，计入应纳税所得额；所产生的损失，可冲减应纳税所得额。存货报废、毁损、盘亏造成的损失，可作为财产损失在税前扣除。

第三节　个人所得税

一、个人所得税的概念

个人所得税是指对个人（即自然人）的各项应税所得征收的一种所得税。从世界范围看，个人所得税的税制模式有三种，分别是分类课征制、综合课征制和混合课征制。分类课征制，是对纳税人不同来源、性质的所得项目，分别规定不同的税率征税；综合课征制，是对纳税人全年的各项所得加以汇总，就其总额进行征税；混合课征制，是对纳税人不同来源、性质的所得先分别按照不同的税率征税，然后将全年的各项所得进行汇总征税。三种不同的课征模式各有其优缺点。目前，我国个人所得税的征收采用的是第一种模式，即分类课征制，其改革方向是由分类课征制向分类与综合相结合的模式转变。个人所得税在组织财政收入、提高公民纳税意识，尤其在调节个人收入分配差距方面具有重要作用。

二、个人所得税纳税人和所得来源的确定

个人所得税的纳税人包括在中国境内有住所，或者无住所但一个纳税年度内在中国境内居住累计满183天的个人，以及在中国境内无住所又不居住或者无住所但一个纳税年度内居住累计不满183天但有从中国境内取得所得的个人。具体纳税人包括中国公民、个体工商户、外籍个人，以及中国香港、澳门、台湾同胞等。

个人独资企业和合伙企业不缴纳企业所得税，只对投资者个人或个人合伙人取得的生产经营所得征收个人所得税。个人独资企业和合伙企业分别是指依照我国相关法律登记成立的个人独资、合伙性质的企业、律师事务所及其他相关机构或组织。个人独资企业以投资者个人为纳税人，合伙企业以每一合伙人为纳税人。

个人独资企业投资人以其个人财产对企业债务承担无限责任。普通合伙企业合伙人对合伙企业债务承担无限连带责任。有限合伙企业由普通合伙人和有限合伙人组成，普通合伙人对合伙企业债务承担无限连带责任，有限合伙人以其认缴的出资额为限对合伙企业债务承担责任。

（一）居民纳税人和非居民纳税人的界定

个人所得税的纳税人，国际上有两种管辖权，即来源地税收管辖权和居民管辖权。在界定两者管辖权的标准上，通常采用住所标准和居住时间标准。我国个人所得税法律制度在个人所得税纳税人的界定上既行使来源地税收管辖权，又行使居民管辖权，即把个人所得税的纳税人划分为居民纳税人和非居民纳税人两类。

1. 住所标准

住所通常是指公民长期生活和活动的主要场所。《中华人民共和国民法通则》规定："公民以他的户籍所在地的居住地为住所。"住所分为永久性住所和习惯性住所。永久性住所通常是指《中华人民共和国民法通则》上规定的住所，具有法律意义。习惯性住所则是指经常居住地，它与永久性住所有时是一致的，有时又不一致。

我国个人所得税法律制度采用习惯性住所标准。在中国境内有住所，是指因户籍、家庭、经济利益关系而在中国境内习惯性居住。这样就将中、外籍人员及我国港、澳、台同胞与内地公民区别开来。所谓习惯性居住或住所，是在税收上判断居民和非居民的一个法律意义上的标准，不是指实际居住或在某一特定时期内的居住地。例如，个人因学习、工作、探亲、旅游等而在中国境外居住的，当其在境外居住的原因消除后，则必须回到中国境内居住。那么，即使该人并未居住在中国境内，仍应将其判定为在中国境内习惯性居住。

2. 居住时间标准

居住时间是指个人在一国境内实际居住的时间天数。在实际生活中，有时个人在一国境内并无住所，又无经常居住地，但是却在该国停留的时间较长，从该国取得了收入，应对其行使税收管辖权，甚至视为该国的居民征税。各国在对个人所得征税的实践中，以个人居住时间长短作为衡量居民和非居民的居住时间标准。《中华人民共和国个人所得税法》也采用了这一标准。

《中华人民共和国个人所得税法》规定，在一个纳税年度内在中国境内居住累计满183天为时间标准，达到这个标准的个人即为居民纳税人。在居住期间内临时离境的，即在一个纳税年度中一次离境不超过 30 日或者多次离境累计不超过 90 日的，不扣减日数，连续计算。

我国税法规定的住所标准和居住时间标准，是判定居民身份的两个要件，只要符合或达到其中任何一个条件，就可以被认定为居民纳税人。因此，根据以上两个标准，可以将居民纳税人和非居民纳税人定义为，在中国境内有住所，或者无住所而一个纳税年度内在境内居住累计满 183 天的个人，属于我国的居民纳税人；在中国境内无住所又不居住，或者无住所而一个纳税年度内在境内累计居住不满 183 天的个人，属于我国的非居民纳税人。

（二）居民纳税人和非居民纳税人的纳税义务

1. 居民纳税人的纳税义务

居民纳税人，应就其来源于中国境内和境外的所得，依照个人所得税法律制度的规定向中国政府履行全面纳税义务，缴纳个人所得税。

其中，从中国境内和境外取得的所得，分别是指来源于中国境内的所得和来源于中国境外的所得。

在中国境内无住所的个人，在中国境内居住累计满 183 天的年度连续不满六年的，经向主管税务机关备案，其来自中国境外且由境外单位或者个人支付的所得，免予缴纳个人所得税；在中国境内居住累计满 183 天的任一年度中有一次离境超过 30 天的，其在中国境内居住累计满 183 天的年度的连续年限重新起算。

在中国境内无住所的个人，在一个纳税年度内在中国境内居住累计不超过 90 天的，其来自中国境内的所得，由境外雇主支付并且不由该雇主在中国境内的机构、场所负担的部分，免予缴纳个人所得税。

2. 非居民纳税人的纳税义务

非居民纳税人，仅就其来自中国境内取得的所得，向我国政府履行有限纳税义务，缴纳个人所得税。

（三）所得来源的确定

所得来源地与所得支付地是两个不同的概念。我国个人所得税法律制度依据所得来源地判断经济活动的实质，征收个人所得税。除国务院财政、税务主管部门另有规定外，下列所得，不论支付地点是否在中国境内，均为来自中国境内的所得。①因任职、受雇、履约等而在中国境内提供劳务取得的所得；②在中国境内开展经营活动而取得与经营活动相关的所得；③将财产出租给承租人在中国境内使用而取得的所得；④许可各种特许权在中国境内使用而取得的所得；⑤转让中国境内的不动产、土地使用权取得的所得；转让在中国境内企事业单位和其他经济组织投资形成的权益性资产取得的所得；在中国境内转让动产以及其他财产取得的所得；⑥由中国境内企事业单位和其他经济组织或者居民个人支付或负担的稿酬所得、偶然所得；⑦从中国境内企事业单位和其他经济组织或者居民个人取得的利息、股息、红利所得。

三、个人所得税应纳税所得额的确定

个人所得税的计税依据是纳税人取得的应纳税所得额。应纳税所得额为个人取得的各项收入减去税法规定的费用扣除金额和减免税收入后的余额。由于个人所得税的应税项目不同，扣除费用标准也各不相同，需要按不同应税项目分项计算。

（一）个人所得的形式

个人所得的形式包括现金、实物、有价证券和其他形式的经济利益。所得为实物的，应当按照取得的凭证上所注明的价格计算应纳税所得额，无凭证的实物或者凭证上所注明的价格明显偏低的，参照市场价格核定应纳税所得额；所得为有价证券的，根据票面价格和市场价格核定应纳税所得额；所得为其他形式经济利益的，参照市场价格核定应纳税所得额。

（二）应纳税所得额确定方式

1. 综合所得

居民个人的综合所得，以每一纳税年度的收入额减除费用6万元，以及专项扣除、专项附加扣除和依法确定的其他扣除后的余额，为应纳税所得额。

综合所得包括工资、薪金所得，劳务报酬所得，稿酬所得，特许权使用费所得四项。劳务报酬所得、稿酬所得、特许权使用费所得以收入减除20%的费用后的余额为收入额。稿酬所得的收入额减按70%计算。

（1）专项扣除

专项扣除包括居民个人按照国家规定的范围和标准缴纳的基本养老保险、基本医疗保险、失业保险等社会保险费和住房公积金等。

（2）专项附加扣除

专项附加扣除是指个人所得税法规定的子女教育、继续教育、大病医疗、住房贷款利息或住房租金、赡养老人等专项附加扣除。

（3）其他扣除

其他扣除包括个人缴付符合国家规定的企业年金、职业年金，个人购买符合国家规定的商业健康保险、税收递延型商业养老保险的支出，以及国务院规定可以扣除的其他项目。

上述专项扣除、专项附加扣除和依法确定的其他扣除，以居民个人一个纳税年度的应纳税所得额为限额；一个纳税年度扣除不完的，不结转以后年度扣除。

非居民个人的工资、薪金所得，以每月收入额减除费用5000元后的余额为应纳税所得额；劳务报酬所得、稿酬所得、特许权使用费所得，以每次收入额为应纳税所得额。

2. 经营所得

经营所得，以每一纳税年度的收入总额减除成本、费用及损失后的余额，为应纳税所得额。其中，成本、费用是指生产、经营活动中发生的各项直接支出和分配计入成本的间接费用及销售费用、管理费用、财务费用；损失是指生产、经营活动中发生的固定资产和存货的盘亏、毁损、报废损失，转让财产损失，坏账损失，自然灾害等不可抗力因素造成的损失及其他损失。取得经营所得的个人，没有综合所得的，计算其每一纳税年度的应纳税所得额时，应当减除费用6万元、专项扣除、专项附加扣除及依法确定的其他扣除。专项附加扣除在办理汇算清缴时减除。

个体工商户、个人独资企业、合伙企业及个人从事其他生产、经营活动，未提供完整、准确的纳税资料，不能正确计算应纳税所得额的，由主管税务机关核定其应纳税所得额。个体工商户业主、个人独资企业投资者、合伙企业个人合伙人及从事其他生产、经营活动的个人，以其每一纳税年度来自个体工商户、个人独资企业、合伙企业及其他生产、经营活动的所得，减除费用60000元、专项扣除及依法确定的其他扣除后的余额，为应纳税所得额。

查账征收的个人独资企业与合伙企业的扣除项目比照《个体工商户个人所得税计税办法》的规定计算应纳税所得额。个人独资企业的投资者以全部生产经营所得为应纳税所得额；合伙企业的投资者按照合伙企业的全部生产经营所得和合伙协议约定的分配比例，确定应纳税所得额，合伙协议没有约定分配比例的，以全部生产经营所得和合伙人数量平均计算每个投资者的应纳税所得额。生产经营所得，包括企业分配给投资者个人的所得和企业当年留存的所得。投资者兴办两个或两个以上企业的，其投资者个人费用扣除标准由投资者选择在其中一个企业的生产经营所得中扣除。

3. 财产租赁所得

财产租赁所得，每次收入不超过4000元的，减除费用800元；每次收入在4000元以上的，减除20%的费用，其余额为应纳税所得额。

4. 财产转让所得

财产转让所得，以转让财产的收入减除财产原值和合理费用后的余额，为应纳税所得额。其中，财产原值按照下列方法计算，有价证券为买入价及买入时按照规定交纳的有关费用；建筑物为建造费或者购进价格及其他有关费用；土地使用权为取得土地使用权所支付的金额、开发土地的费用及其他有关费用；机器设备、车船为购进价格、运输费、安装费及其他有关费用；其他财产参照上述规定的方法确定财产原值。

纳税人未提供完整、准确的财产原值凭证，不能正确计算财产原值的，由主管税务机关核定其财产原值。合理费用，是指卖出财产时按照规定支付的有关税费。个人发生非货币性资产交换，以及将财产用于捐赠、偿债、赞助、投资等用途的，应当视同转让财产并缴纳个人所得税，但国务院财政、税务主管部门另有规定的除外。

5.利息、股息、红利所得和偶然所得

利息、股息、红利所得和偶然所得，以每次收入额为应纳税所得额。

第七章　税收征管

第一节　税务登记

税务管理是国家税务机关依照税收政策、法律、制度对税收分配全过程所进行的计划、组织、协调、监督和控制的一种管理活动。它是保证财政收入及时、足额入库，实现税收分配目标的重要手段。税务管理可分为两个层次：一是税收政策、法令、制度的制定，即税收立法。二是税收政策、法令、制度的执行，也就是税收的征收管理，即税收执法。税务管理主要包括税务登记管理、发票管理和纳税申报等内容。

一、税务登记管理

（一）税务登记的概念

税务登记是指纳税人为依法履行纳税义务，就有关纳税事宜依法向税务机关办理登记的一种法定手续，它是整个税收征收管理的首要环节。纳税人必须按照税法规定的期限办理设立税务登记、变更税务登记、注销税务登记。

（二）税务登记的内容

1. 设立登记

企业、企业在外地设立的分支机构和从事生产经营的场所，个体工商户和从事生产、经营的事业单位（统称从事生产、经营的纳税人），以及非从事生产经营但依照法律、行政法规的规定负有纳税义务的单位和个人，均需办理登记。

工商登记在统一受理申请后，申请材料和登记材料可以在部门间共享，各部门数据可以互换、档案互认。各省税务机关在交换平台获取"五证合一"企业登记信息后，依据企业住所（以统一代码为标识）按户分配至县（区）税务机关。新设立企业领取"一照一码"营业执照后，无须再办理税务登记证。纳税人凭加载统一信用代码的营业执照前往税务机关办理相关涉税事项，企业登记机关将信息上传至并联审批平台。

对工商登记已采集的信息，税务机关不再重复采集；其他必要涉税基础信息，可在企业办理有关涉税事项时采集，陆续补齐。发生变化的，由企业直接向税务机关申报变更，税务机关及时更新税务系统中的企业信息。

2. 一般纳税人资格登记

增值税一般纳税人资格实行登记制，登记事项由增值税纳税人向其国税主管税务机关办理。小规模纳税人以及新开业的纳税人，可以向国税主管税务机关申请增值税一般纳税人登记。

3. 涉税事项变更登记

"一照一码"企业的生产经营地、财务负责人、核算方式信息发生变化的，由企业向主管税务机关申请变更除上述三项信息外，企业在登记机关新设时采集的信息发生变更，还是由企业向登记机关申请变更。

4. 注销登记

（1）注销税务登记的适用范围

①纳税人发生解散、破产、撤销的；②纳税人被工商行政管理机关吊销营业执照的；③纳税人因住所、经营地点或产权关系变更而涉及改变主管税务机关的；④纳税人发生的其他应办理注销税务登记情况的。

（2）注销登记流程

"一照一码"企业办理注销登记，可以向国税、地税任何一方主管税务机关提出清税申请，填报"清税申报表"。税务机关在结清税款、滞纳金、罚款，缴销发票和税控设备后，由受理方税务机关向纳税人出具"清税证明"。

其流程为：企业提出清税申报→国税、地税主管税务机关核对企业清缴税款、缴销发票等→由受理税务机关出具"清税证明"→企业持"清税证明"向企业登记机关申请办理注销登记。

（三）税务登记的管理

1. 税务登记证使用范围

除按照规定不需要税务机关的登记证件之外，纳税人办理下列事项时，还必须持税务登记证件。开立银行账户；申请减税、免税、退税；申请办理延期申报、延期缴纳税款；领购发票；申请开具外出经营活动税收管理证明；办理停业、歇业；其他有关税务事项。

2. 税务登记的审验

税务机关对税务登记证件实行定期验证和换证制度。纳税人应当在规定的期限内持有关证件到主管税务机关办理验证或者换证手续。

纳税人应当将税务登记证件正本在其生产、经营场所或者办公场所公开悬挂，接受税务机关检查。

纳税人遗失税务登记证件的，应当在 15 日内书面报告主管税务机关，并登报声明作废。

从事生产、经营的纳税人到外县（市）临时从事生产、经营活动的，应当持税务登记证副本和所在地税务机关填开的外出经营活动税收管理证明，向营业地税务机关报验登记，接受税务管理。在同一地累计超过 180 天的，应当在营业地办理税务登记手续。

二、账簿、凭证管理

纳税人、扣缴义务人应按照有关法律、行政法规和国务院财政、税务主管部门的规定设置账簿，根据合法、有效凭证记账，进行核算。

（一）设置账簿的范围

第一，从事生产、经营的纳税人应自其领取工商营业执照之日起 15 日内按照国务院财政、税务部门的规定设置账簿，所称账簿是指总账、明细账、日记账以及其他辅助性账簿。总账、日记账应当采用订本式。

第二，扣缴义务人应当自税收法律、行政法规规定的扣缴义务发生之日起 10 日内，按照所代扣、代收的税种，分别设置代扣代缴、代收代缴税款账簿。

纳税人、扣缴义务人会计制度健全，能够通过计算机正确、完整地计算其收入和所得或者代扣代缴、代收代缴税款情况的，其计算机输出的完整的书面会计记录，可视同会计账簿。

纳税人、扣缴义务人会计制度不健全，不能通过计算机正确、完整计算其收入和所得或者代扣代缴、代收代缴税款情况的，应当建立总账及与纳税或者代扣代缴、代收代缴税款有关的其他账簿。

第三，生产经营规模小又确无建账能力的纳税人，可以聘请经批准从事会计代理记账业务的专业机构或者经税务机关认可的财会人员代为建账和办理账务，聘请上述机构或者人员有实际困难的，经县级以上税务机关批准，可以按照税务机关的规定，建立收支凭证粘贴簿、进货销货登记簿或税控装置。

（二）对纳税人财务会计制度及其处理办法的管理

从事生产、经营的纳税人应当自领取税务登记证件之日起 15 日内，将其财务、会计制度或者财务、会计处理办法和会计核算软件报送税务机关备案。纳税人使用计算机记账的，应当在使用前将会计电算化系统的会计核算软件、使用说明书及有关资料报送主管税务机关备案。纳税人建立的会计电算化系统应当符合国家有关规定，并能正确、完整核算其收入或者所得。从事生产、经营的纳税人、扣缴义务人的财务、会计制度或者财务、会计处理办法与国务院或者国务院财政、税务主管部门有关税收的规定抵触的，依照国务院或者国务院财政、税务主管部门有关税收的规定计算应纳税款、代扣代缴和代收代缴税款。

（三）账簿、凭证的保存和管理

从事生产、经营的纳税人、扣缴义务人必须按照国务院财政、税务主管部门规定的保管期限保管账簿、记账凭证、完税凭证及其他有关资料。除法律、行政法规另有规定外，账簿、会计凭证、报表、完税凭证及其他有关资料应当保存 5 ~ 15 年。账簿、记账凭证、报表、完税凭证、发票、出口凭证及其他有关涉税资料应当合法、真实、完整，不得伪造、变造或者擅自损毁。

三、纳税申报管理

（一）纳税申报的概念

纳税申报是指纳税人按照税法规定定期就计算缴纳税款的有关事项向税务机关提出的书面报告，是税收征收管理的一项重要制度。

纳税人必须依照法律、行政法规规定的或者税务机关依照法律、行政法规确定的申报期限、申报内容如实办理纳税申报，报送纳税申报表、财务会计报表以及税务机关根据实际需要要求纳税人报送的其他纳税资料。具体包括：①财务会计报表及其他说明材料；②与纳税有关的合同、协议书及凭证；③税控装置的电子报税资料；④外出经营活动税收管理证明和异地完税凭证；⑤境内或者境外公证机构出具的有关证明文件；⑥税务机关规定应当报送的其他有关证件、资料。

扣缴义务人必须依照法律、行政法规规定的或者税务机关依照法律、行政法规确定的申报期限、申报内容如实报送代扣代缴、代收代缴税款报告表以及税务机关根据实际需要要求扣缴义务人报送的其他有关资料。具体包括：税种、税目，应纳税项目或者应代扣代缴、代收代缴税款项目、计税依据、扣除项目及标准、适用税率或者单位税额、应退税项目及税额、应减免项目及税额、应纳税额或者应代扣代缴、代收代缴税额、税款所属期限，以及延期缴纳税款、欠税、滞纳金等。

（二）纳税申报的方式

经税务机关批准，纳税人、扣缴义务人既可以直接到税务机关办理纳税申报或者报送代扣代缴、代收代缴税款报告表，也可以按照规定采取邮寄、数据电文或代理方式办理上述申报、报送事项。

1.直接申报

纳税人、扣缴义务人按照规定的期限自行到主管税务机关办理纳税申报手续。

2.邮寄申报

经税务机关批准，纳税人、扣缴义务人可以采取邮寄申报的方式，将纳税申报表及有关的纳税资料通过邮局寄送主管税务机关。

3. 数据电文方式

数据电文方式是指税务机关确定的电话语音、电子数据交换和网络传输等电子方式。纳税人采取数据电文方式办理纳税申报的，应当按照税务机关规定的期限和要求保存有关资料，并定期书面报送主管税务机关。

4. 代理申报

纳税人、扣缴义务人可以委托注册税务师办理纳税申报。

（三）纳税申报的具体要求

纳税申报的具体要求如下。

第一，纳税人、扣缴义务人，不论当期是否发生纳税义务，除经税务机关批准外，均应按规定办理纳税申报或者报送代扣代缴、代收代缴税款报告表。

第二，实行定期定额方式缴纳税款的纳税人，可以实行简易申报、简并征期等申报纳税方式。

第三，纳税人享受减税、免税待遇的，在减税、免税期间应当按照规定办理纳税申报。

第四，纳税人、扣缴义务人按照规定的期限办理纳税申报或者报送代扣代缴、代收代缴税款报告表确有困难，需要延期的，应当在规定的期限内向税务机关提出书面延期申请，经税务机关核准，在核准的期限内办理。

纳税人、扣缴义务人因不可抗力，不能按期办理纳税申报或者报送代扣代缴、代收代缴税款报告表的，可以延期办理；但是，在不可抗力情形消除后应当立即向税务机关报告。税务机关应当查明事实，予以批准。

第二节　税款的征收

税款征收是指税务机关依照法律、行政法规的规定，将纳税人应纳的税款组织入库的一系列活动的总称。税款征收是税收征收管理工作的中心环节，是全部税收征管工作的目的和归宿，其在整个税收工作中占据着极其重要的地位。

一、税款征收的方式

科学合理的税款征收方式是确保税款顺利足额征收的前提条件。由于各类纳税人的具体情况不同，因而税款的征收方式也应有所区别。我国现阶段可供选择的税款征收方式主要有以下几种。

（一）查账征收

查账征收是指税务机关对账务健全的纳税人，依据其报送的纳税申报表、财务会计报表和其他有关纳税资料，计算应纳税款，填写缴款书或完税证，由纳税人到银行划解税款的征收方式。

（二）查定征收

查定征收是指对账务不健全，但能控制其材料、产量或进销货物的纳税单位或个人，由税务机关依据正常条件下的生产能力对其生产的应税产品查定产量、销售额并据以征收税款的征收方式。

（三）查验征收

查验征收是指税务机关对纳税人的应税商品、产品，通过查验数量，按市场一般销售单价计算其销售收入，并据以计算应纳税款的一种征收方式。

（四）定期定额征收

定期定额征收是指税务机关对小型个体工商户采取定期确定营业额、利润额并据以核定应纳税额的一种征收方式。

（五）代扣代缴

代扣代缴是指按照税法规定，负有扣缴税款义务的单位和个人负责对纳税人应纳的税款进行代扣代缴的一种方式。由支付人在向纳税人支付款项时，从所支付的款项中依法直接扣收税款并代为缴纳。

（六）代收代缴

代收代缴是指按照税法规定，负有收缴税款义务的单位和个人负责对纳税人应纳的税款进行代收代缴的一种方式。由与纳税人有经济业务往来的单位和个人在向纳税人收取款项时依法收取税款。

（七）委托代征

委托代征是指受委托的有关单位按照税务机关核发的代征证书的要求，以税务机关的名义向纳税人征收零散税款的一种征收方式。

二、税款征收制度

税款征收制度是指税务机关按照税法规定将纳税人应纳的税款收缴入库的法定制度。

（一）代扣代缴、代收代缴税款制度

扣缴义务人依照法律、行政法规的规定履行代扣、代收税款的义务。

对法律、行政法规没有规定负有代扣、代收税款义务的单位和个人，税务机关不得要求其履行代扣、代收税款义务。

扣缴义务人依法履行代扣、代收税款义务时，纳税人不得拒绝。纳税人拒绝的，扣缴义务人应当及时报告税务机关处理。

税务机关按照规定付给扣缴义务人代扣、代收手续费。

（二）延期缴纳税款制度

纳税人和扣缴义务人必须在税法规定的期限内缴纳、解缴税款。但考虑到纳税人在履行纳税义务的过程中可能遇到特殊困难情况，为了保护纳税人的合法权益，纳税人因有特殊困难，不能按期缴纳税款的，经省、自治区、直辖市国家税务局、地方税务局批准，可以延期缴纳税款，但是最长不得超过 3 个月。

特殊困难的主要内容包括：一是因不可抗力导致纳税人发生较大损失，正常生产经营活动受到较大影响的。二是当期货币资金在扣除应付职工工资、社会保险费后，不足以缴纳税款的。

（三）税收滞纳金征收制度

纳税人未按照规定期限缴纳税款的，扣缴义务人未按照规定期限解缴税款的，税务机关除责令限期缴纳外，从滞纳税款之日起，按日加收滞纳税款万分之五的滞纳金。

加收滞纳金的具体操作应按下列程序进行。

第一，先由税务机关发出催缴税款通知书，责令限期缴纳或解缴税款，告知纳税人如不按期履行纳税义务，将依法按日加收滞纳税款万分之五的滞纳金。

第二，从滞纳之日起加收滞纳金（加收滞纳金的起止时间为法律、行政法规规定或者税务机关依照法律、行政法规的规定确定的税款缴纳期限届满次日起至纳税人、扣缴义务人实际缴纳或者解缴税款之日止）。

第三，拒绝缴纳滞纳金的，可以按不履行纳税义务实行强制执行措施，强行划拨或者强制征收。

（四）减免税收制度

办理税收减免时应注意下列事项。

第一，减免税必须有法律、行政法规的明确规定（具体规定将在税收实体法中体现）。地方各级人民政府、各级人民政府主管部门、单位和个人违反法律、行政法规规定，擅自做出的减免税决定无效，税务机关不得执行，并向上级税务机关报告。

第二，纳税人申请减免税，应向主管税务机关提出书面申请，并按规定附送有关资料。税务机关受理或不受理减免税申请，都应当出具加盖本机关专用印章和注明日期的书面凭证。减免税的申请须经法律、行政法规规定的减免税审查批准机关审批。

纳税人在享受减免税待遇期间，仍应按规定办理纳税申报。减免税期满，纳税人应当自期满次日起恢复纳税。

第三，纳税人享受减免税的条件发生变化时，应当自发生变化之日起 15 日内向税务机关报告，经税务机关审核后，停止其减免税；对不报告的，又不再符合减免税条件的，税务机关有权追回已减免的税款。

第四，减免税分为报批类减免税和备案类减免税。报批类减免税是指应由税务机关审批的减免税项目，备案类减免税是指取消审批手续的减免税项目和不需税务机关审批的减免税项目。

第五，纳税人同时从事减免项目与非减免项目的，应分别核算，独立适用减免项目的计税依据以及减免税额度。不能分别核算的，不能享受减免税；核算不清的，由税务机关按合理方法核定。

第六，纳税人依法可以享受减免税待遇，但未享受而多缴税款的，凡属于无明确规定需经税务机关审批或没有规定申请期限的，纳税人可以在《中华人民共和国税收征收管理法》规定的期限内申请减免税，要求退还多缴的税款，但不加算银行同期存款利息。

第七，纳税人可以向主管税务机关申请减免税，也可以直接向有权审批的税务机关申请。由纳税人所在地主管税务机关受理、应当由上级税务机关审批的减免税申请，主管税务机关应当自受理申请之日起 10 个工作日内直接上报有权审批的上级税务机关。减免税期限超过 1 个纳税年度的，进行一次性审批。

第三节　税务检查

税务检查是税务机关依照税收法律、行政法规的规定，对纳税人、扣缴义务人履行纳税义务或者扣缴义务及其他有关税务事项进行审查、核实、监督活动的总称。税务检查与税务管理、税款征收共同构成了税收征收管理法律制度中的三个重要的环节。税务管理是基础，税务征收是核心，税务检查是保障。纳税人缴纳税款后，税务机关依法实施税务检查，既可以发现税务登记、申报等事前监控中的漏洞和问题，也可以检查核实税款征收的质量，从而成为事后监控的一道重要环节。

一、税务检查的形式和方法

（一）税务检查的形式

税务检查的形式，按组织形式可以分为纳税人自查、税务机关专业检查、部门联合检查等。纳税人自查是指由纳税人的财会人员自行检查纳税情况的一种形式；税务机关专业检查是指由税务机关主持进行的税务稽查，包括日常稽查、专项稽查和专案稽查三种，这是税务检查中最主要的形式；部门联合检查是指由税务稽查机构联合工商管理、银行等部门，对税源较大、业务复杂或纳税意识不强、偷漏税较严重的纳税人所进行的重点检查。

（二）税务检查的方法

税务检查是一种政策性和技术性极强的业务工作，涉及纳税人大量的财务会计资料，只有讲究科学的检查方法和技巧，才能减少盲目性，克服混乱性，提高效率，保证检查的质量和效果。

税务检查的方法是实现税务检查目的、完成税务检查任务的重要手段。在税务检查工作中，采用何种方法，应视检查的目的和要求及被查单位的生产经营特点、财务管理水平和会计核算水平的具体情况而定。税务检查的方法很多，但一般说来，其基本方法有以下几种。

1.税务检查的技术方法

税务检查的技术方法是税务检查工作中最基本、最常用的方法，按检查的方式不同，可分为审阅法和核对法；按检查的详细程度不同，可分为详查法和抽查法；按检查的顺序不同，可分为顺查法和逆查法。

（1）详查法和抽查法

详查法是对被检查纳税人一定时期所有会计凭证、账簿、报表及各种存货进行全面、系统检查的一种方法。抽查法是对被检查纳税人一定时期内的会计凭证、账簿、报表及各种存货，抽取一部分进行检查的一种方法。

（2）顺查法和逆查法

顺查法是对被检查纳税人按照其会计核算的顺序，依次检查会计凭证、账簿、报表，并将其相互核对的一种检查方法。逆查法是指逆会计核算的顺序，依次检查会计报表、账簿及凭证，并将其相互核对的一种稽查方法。

（3）审阅法和核对法

审阅法是对被检查纳税人的会计账簿、凭证等财务资料，通过直观地审查阅览，发现在纳税方面存在问题的一种方法。核对法是指通过对被检查纳税人的各种相关联的会计凭证、账簿、报表及实物进行相互核对，验证其在纳税方面存在问题的一种方法。

2.税务检查的分析方法

税务检查的分析方法是对被检查的会计报表、账簿、凭证等资料和情况进行审查分析，以查证落实或确定进一步检查线索的一种检查方法。它又可分为比较分析法、推理分析法和控制计算法三种。

（1）比较分析法

比较分析法是将被检查纳税人检查期有关财务指标的实际完成数进行纵向或横向比较，分析异常变化情况，从中发现纳税问题线索的一种方法。

（2）推理分析法

推理分析法又称推理判断法，是根据已掌握的事实，运用逻辑学原理去推想事物形成的原因或可能产生的结果或可能有类似事实的一种分析方法。进行推理时，应注意以事实为依据，按照事物发展的规律，合乎逻辑，不能脱离实际凭空臆想，也要注意避免钻牛角尖，把事情复杂化，不利于快速得出检查结论。

（3）控制计算法

控制计算法又称逻辑审查法，是指根据有关数据之间相互制约的关系，用某一可靠的或科学测定的数据来验证另一核算资料或申报资料是否正确，或以某一经济事项的核算资料来审定另一经济事项的核算资料的一种检查分析方法。在税务检查工作中经常采用的控制计算法包括：材料检查中的定额控耗，产品检查中的以耗控产，销售检查中的以产控销、以支持销，以及计算企业的偿债能力和缴税能力等。

3.税务检查的调查方法

在税务检查工作中，不能只局限于就账查账，还必须运用辅助的检查方法来发现问题和证实问题。查账为调查提供线索，调查则为查账证实问题，两者互为补充，方能查得深透。常用的调查方法有观察法、询问法和外调法三种。

（1）观察法

观察法是指通过被检查纳税人的生产经营场所、仓库、工地等现场，实地观察其生产经营及存货等情况，以发现纳税问题或验证账目中可疑问题的一种检查方法。

（2）询问法

询问法是指根据查账提供的线索和群众举报的情况，通过向被查单位内外有关人员调查询问，取得一些可靠的资料来证实某些问题的一种调查方法。税务机关有权询问纳税人、扣缴义务人与纳税或代扣代缴、代收代缴税款有关的问题和情况。采用这种方法，事前要明确询问哪些问题，做到有的放矢。询问法又包括面询和函询两种形式。

（3）外调法

外调法是指对被检查纳税人有怀疑或已掌握一定线索的经济事项，通过向与其有经济联系的单位和个人进行调查，予以查证核实的一种方法。

4.税务检查的盘存方法

盘存法是指通过对货币资金、存货、固定资产和其他物资进行盘点和清查，并与账面记录相对照来确定有无盈余、亏损和损坏的一种检查方法。

采用盘存法检查时，由于盘点工作量大，可结合企业季末或年末盘点工作一并进行。盘点时，着重盘点产成品、库存商品和贵重物资。对品种繁多、量大的原材料等物资，可只对可疑部分进行抽查。对必须进行重点检查的大宗货物或者需要进行全面盘存时，需组织得力的盘点人员，采用适当的盘点方法，以加速盘点进度，保证盘点质量。

5. 交叉稽核法

国家为了加强增值税专用发票管理，应用计算机将开出的增值税专用发票与存根联进行交叉稽核，以查出虚开及假开发票的行为，避免国家税款流失。目前，这种方法的优势通过"金税工程"更好地体现出来，对利用增值税专用发票偷逃税款行为起到了极大的遏制作用。

6. 人工和计算机技术结合运用的税务检查方法

面对越来越多的企业实现会计电算化的情况，税务检查人员仅靠传统的手工检查方法是难以完成检查任务的，应该逐步适应以人工和计算机技术结合的税务检查方法，提高税务检查的效率和质量。因此，税务检查人员应加强计算机审计技术知识的学习培训，尽力将丰富有效的传统税务检查思维、方法与现代高效率的计算机审计技术、方法巧妙地结合起来，针对各种具体情况运用多种方法进行检查。根据实践经验，较有成效的方法一般包括对会计电算化指标资料的分析比较，对会计电算化应用系统、内部控制系统和会计电子数据等几方面的审查分析，在此基础上确定检查对象。

二、税务检查的职责

（一）税务机关有权进行的税务检查的范围。

税务机关有权进行税务检查的范围如下。

第一，检查纳税人的账簿、记账凭证、报表和有关资料，检查扣缴义务人代扣代缴、代收代缴税款账簿、记账凭证和有关资料。因检查需要，经县级以上税务局（分局）局长批准，可以将纳税人、扣缴义务人以前会计年度的账簿、记账凭证、报表和其他有关资料调回税务机关检查，但是税务机关必须向纳税人、扣缴义务人开付清单，并在 3 个月内完整退还；有特殊情况的，经设区的市、自治州以上税务局局长批准，税务机关可以将纳税人、扣缴义务人当年的账簿、记账凭证、报表和其他有关资料调回检查，但是税务机关必须在 30 日内退还。

第二，到纳税人的生产、经营场所和货物存放地检查纳税人应纳税的商品、货物或者其他财产，检查扣缴义务人与代扣代缴、代收代缴税款有关的经营情况。

第三，责成纳税人、扣缴义务人提供与纳税或者代扣代缴、代收代缴税款有关的文件、证明材料和有关资料。

第四，询问纳税人、扣缴义务人与纳税或者代扣代缴、代收代缴税款有关的问题和情况。

第五，到车站、码头、机场、邮政企业及其分支机构检查纳税人托运、邮寄应税商品、货物或者其他财产的有关单据凭证和资料。

第六，经县级以上税务局（分局）局长批准，凭全国统一格式的检查存款账户许可证明，查询从事生产、经营的纳税人、扣缴义务人在银行或者其他金融机构的存款账户。税务机关在调查税收违法案件时，经设区的市、自治州以上税务局（分局）局长批准，可以查询案件涉嫌人员的储蓄存款。税务机关查询所获得的资料，不得用于税收以外的用途。

上述所称的"经设区的市、自治州以上税务局局长"包括地（市）一级（含直辖市下设区）的税务局局长。

税务机关查询的内容，包括纳税人存款账户余额和资金往来情况。查询时应当指定专人负责，凭全国统一格式的检查存款账户许可证明进行，并有责任为被检查人保守秘密。

（二）税务机关对纳税人以前纳税期的纳税情况依法进行税务检查

发现纳税人有逃避纳税义务的行为，并有明显的转移、隐匿其应纳税的商品、货物、其他财产或者应纳税收入迹象的，可以按照批准权限采取税收保全措施或者强制执行措施。这里的批准权限是指县级以上税务局（分局）局长批准。税务机关采取税收保全措施的期限一般不得超过6个月；重大案件需要延长的，应当报国家税务总局批准。

第八章 消费税与营业税

第一节 消费税的特点与要素

一、消费税概念、特点

（一）消费税的概念

消费税是指对消费品和特定的消费行为按消费流转额征收的一种商品税。消费税可分为一般消费税和特别消费税，前者主要指对所有消费品包括生活必需品和日用品普遍课税，后者主要指对特定消费品或者特定消费行为如奢侈品课税。我国目前对特定消费行为不征消费税，只征营业税。

我国现行消费税是对我国境内从事生产、委托加工和进口应税消费品的单位和个人就其应税消费品征收的一种税，其选择部分消费品征税，因而属于特别消费税。

消费税以消费品为课税对象，税收随价格转嫁给消费者负担，消费者是间接的纳税人，实际的负税人。

（二）消费税的特点

第一，消费税以税法规定的特定产品为征税对象。即国家可以根据宏观产业政策和消费政策的要求，有目的、有重点地选择一些消费品征收消费税，以适当地限制某些特殊消费品的消费需求。我国消费税目前共设置14个税目，征收的品种是采用正列举的，征税界限清晰，征税范围有限。

第二，按不同的产品设计不同的税率，同一产品同等纳税。

第三，消费税是价内税，是价格的组成部分。

第四，消费税实行从价定率和从量定额以及从价从量复合计征三种方法征税。

第五，消费税征收环节具有单一性。

第六，消费税税收具有负担转嫁性，最终都转嫁到消费者身上。

消费税的最终负担人是消费者，应税消费品在生产环节或进口环节征税之后，除个别消费品的纳税环节为零售环节外，再继续转销该消费品不再征收消费税。但无论在哪个环节征税，都实行单环节征收，以零售环节为纳税环节的应税消费品，在零售环节以前的诸环节都不征收消费税。

我国消费税直接以应税消费品的生产经营者为纳税人，于产制环节、进口环节或者零售环节缴纳税款，并成为商品价格的一个组成部分向购买者收取，消费者为最终负担者。

（三）消费税计税方法

1. 从价定率征收

在从价定率征收情况下，根据不同的应税消费品确定不同的税率，以应税消费品的销售额为基数乘以比例税率计算应纳税额。在从价定率征收情况下，消费税税额会随应税消费品的价格上升而增加，反之，消费税税额会随应税消费品的价格下降而减少。

应纳税额 = 应税消费品销售额 × 适用税率

2. 从量定额征收

在从量定额征收情况下，根据不同的应税消费品确定不同的单位税额，以应税消费品的数量为基数乘以单位税额计算应纳税额。在从量定额征收情况下，消费税税额不会随应税消费品的价格变化而变化，具有相对稳定性，一般适用于价格变化较小、批量较大的应税消费品。我国目前对啤酒、黄酒、成品油采用从量定额征收。

应纳税额 = 应税消费品销售数量 × 适用税额标准

3. 从价定率征收和从量定额征收复合征收

在从价定率和从量定额复合征收情况下，基本与前两种征收方法相同，不过是对同一种应税消费品同时采用两种计税方法计算税额，以两种方法计算的应纳税额之和为该应税消费品的应纳税额。我国目前只对卷烟和白酒采用复合征收方法。

应纳税额 = 应税消费品销售数量 × 适用税额标准 + 应税消费品销售额 × 适用税率

二、消费税税制要素

（一）纳税人

在中华人民共和国境内生产、委托加工和进口应税消费品的单位和个人，以及国务院确定的销售消费税暂行条例规定的应税消费品的其他单位和个人，为消费税的纳税义务人。

个人，是指个体工商户及其他个人。

在中华人民共和国境内，是指生产、委托加工和进口属于应当缴纳消费税的起运地或者所在地。

（二）征税范围

消费税的征税范围分布于以下五个环节。

1. 生产应税消费品

（1）生产

生产应税消费品销售是消费税征收的主要环节，在生产销售环节征税以后，货物在流通环节无论再转销多少次，不用再缴纳消费税。生产应税消费品除了直接对外销售应征消费税外，纳税人将生产的应税消费品换取生产资料、消费资料、投资入股、偿还债务，以及用于继续生产应税消费品以外的其他方面都应缴纳消费税。

（2）视同生产

工业企业以外的单位和个人的下列行为视为应税消费品的生产行为，按规定征收消费税。①将外购的消费税非应税产品以消费税应税产品对外销售的；②将外购的消费税低税率应税产品以高税率应税产品对外销售的。

2. 委托加工应税消费品

委托加工应税消费品是指委托方提供原料和主要材料，受托方只收取加工费和代垫部分辅助材料加工的应税消费品。对于由受托方提供原材料生产的应税消费品，或者受托方先将原材料卖给委托方，然后再接受加工的应税消费品，以及由受托方以委托方名义购进原材料生产的应税消费品，不论在财务上是否作销售处理，都不得作为委托加工应税消费品，而应当按照销售自制应税消费品缴纳消费税。

委托加工的应税消费品收回后，再继续用于生产应税消费品销售的，其加工环节缴纳的消费税款可以扣除。

3. 进口应税消费品

单位和个人进口的货物属于消费税征税范围的，在进口环节也要缴纳消费税。进口环节的消费税由海关代征。

4. 零售应税消费品（金、银、钻）

经国务院批准，自1995年1月1日起，金银首饰消费税由生产销售环节征收改为零售环节征收。在零售环节征收消费税的金银首饰仅限于金基、银基合金首饰以及金、银和金基、银基合金的镶嵌首饰。零售环节适用税率为5%，在纳税人销售金银首饰、钻石及钻石饰品时征收。其计税依据是不含增值税的销售额。

不属于上述范围的应征消费税的首饰，如镀金（银）、包金（银）首饰，以及镀金（银）、包金（银）的镶嵌首饰（简称非金银首饰），仍在生产销售环节征收消费税。

对既销售金银首饰，又销售非金银首饰的生产、经营单位，应将两类商品划分清楚，分别核算销售额。凡划分不清楚或不能分别核算的，在生产环节销售的，一律从高适用税率征收消费税；在零售环节销售的，一律按金银首饰征收消费税。金银首饰与其他产品组成成套消费品销售的，应按销售额全额征收消费税。

金银首饰连同包装物销售的，无论包装物是否单独计价，也无论会计上如何核算，均应并入金银首饰的销售额，计征消费税。

5. 批发应税消费品（卷烟）

自 2009 年 5 月 1 日起，在卷烟批发环节加征一道从价税，在中华人民共和国境内从事卷烟批发业务的单位和个人，批发销售的所有牌号规格的卷烟，按其销售额（不含增值税）征收 5% 的消费税。纳税人应将卷烟销售额和其他商品销售额分开核算，未分开核算的，一并征收消费税。纳税人（卷烟批发商）销售给纳税人以外的单位和个人的卷烟于销售时纳税。纳税人之间销售的卷烟不缴纳消费税。纳税地点为卷烟批发企业的机构所在地，总机构与分支机构不在同一地区的，由总机构申报纳税。卷烟消费税在生产和批发两个环节征收后，批发企业在计算纳税时不得扣除已含的生产环节的消费税税款。

（三）税目与税率

根据《消费税暂行条例》规定，确定征收消费税的只有烟、酒、化妆品等 14 个税目，有的税目还进一步划分为若干子税目。消费税作为具有特殊调节意义的税种要充分体现国家的产业政策及消费政策，促进经济结构的有效调整，因此，税目的设置应当做到尽量简化，征税主旨明确、课税对象清晰，并要兼顾历史习惯。《消费税暂行条例》规定的税目包括以下内容。

1. 烟

凡是以烟叶为原料加工生产的产品，不管使用何种辅料，均属于本税目的征收范围。本税目下设卷烟（进口卷烟、白包卷烟、手工卷烟和未经国务院批准纳入计划的企业及个人生产的卷烟）、雪茄烟、烟丝三个子目。

（1）卷烟

是指将各种烟叶切成烟丝，按照配方要求均匀混合，加入糖、酒、香料等辅料，用白色盘纸、棕色盘纸、涂布纸或烟草薄片经机器或手工卷制的普通卷烟和雪茄型卷烟。甲类卷烟是指每条（200 支）调拨价格在 70 元（不含增值税）以上（含 70 元）的卷烟，税率为 56% 加 0.003 元／支。乙类卷烟是指每条（200 支）调拨价格在 70 元（不含增值税）以下的卷烟，税率为 36% 加 0.003 元／支。

（2）雪茄烟税率为 36%

雪茄烟是指以晾晒烟为原料或者以晾晒烟和烤烟为原料，用烟叶或卷烟纸、烟草薄片作为烟支内包皮，再用烟叶作为烟支外包皮，经机器或手工卷制而成的烟草制品。按内包皮所用材料的不同可分为全叶卷雪茄烟和半叶卷雪茄烟。雪茄烟的征收范围包括各种规格、型号的雪茄烟。

（3）烟丝税率为 30%

烟丝是指将烟叶切成丝状、粒状、片状、末状或其他形状，再加入辅料，经过发酵、储存，不经卷制即可供销售吸用的烟草制品。烟丝的征收范围包括以烟叶为原料加工生产的不经卷制的散装烟，如斗烟、莫合烟、烟末、水烟、黄红烟丝等。

2. 酒及酒精

本税目下设将粮食白酒、薯类白酒合并为白酒一个子目，和黄酒、啤酒、其他酒、酒精共五个子目。调味料酒不属于消费税的征税范围。

（1）白酒

税率为20% 加0.5元 / 500 克（或者500毫升）。白酒包括粮食白酒、薯类白酒以及其他原料的白酒。

粮食白酒是指以高粱、玉米、大米、糯米、大麦、小米、青稞等各种粮食为原料，经过糖化、发酵后，采用蒸馏方法酿制的白酒。薯类白酒是指以白薯（红薯、地瓜）、木薯、马铃薯（土豆）、芋头、山药等各种干鲜薯类为原料，经过糖化、发酵后，采用蒸馏方法酿制的白酒。其他原料的白酒包括用甜菜、糠麸、醋糟、糖渣、糖漏水、甜菜渣、粉渣、薯皮等各种下脚料，葡萄、桑基、橡子仁等各种果实，野生植物等代用品，以及甘蔗、糖等酿制的白酒。

（2）黄酒

黄酒税率为240 元 / 吨。黄酒是指以糯米、粳米、籼米、大米、黄米、玉米、小麦、薯类等为原料，经加温、糖化、发酵、压榨酿制的酒。由于工艺、配料和含糖量的不同，黄酒分为干黄酒、半干黄酒、半甜黄酒、甜黄酒四类。黄酒的征收范围包括各种原料酿制的黄酒和酒度超过12 度（含12 度）的土甜酒。

（3）啤酒

啤酒税率为250 元 / 吨或220 元 / 吨。啤酒是指以大麦或其他粮食为原料，加入啤酒花，经糖化、发酵、过滤酿制的含有二氧化碳的酒。啤酒按照杀菌方法的不同，可分为熟啤酒和生啤酒或鲜啤酒。啤酒的征收范围包括各种包装和散装的啤酒。无醇啤酒比照啤酒征税。果啤属于啤酒税目。

甲类啤酒是指每吨出厂价（含包装物及包装物押金）在3000 元（含3000 元，不含增值税）以上的啤酒，税率为250 元 / 吨；乙类啤酒是指每吨出厂价（含包装物及包装物押金）在3000 元（不含增值税）以下的啤酒，税率为220 元 / 吨。饮食业、商业、娱乐业举办的啤酒屋（啤酒坊）利用啤酒生产设备生产的啤酒，应当按250 元 / 吨的税率征收消费税。

（4）其他酒

其他酒税率为10%。其他酒是指除白酒、黄酒、啤酒以外，酒度在1 度以上的各种酒，其征收范围包括土甜酒、复制酒、果木酒、汽酒、药酒等。土甜酒是指用糯米、大米、黄米等为原料，经加温、糖化、发酵（通过酒曲发酵），采用压榨酿制的酒度不超过12 度的酒。复制酒是指以白酒、黄酒、酒精为酒基，加入果汁、香料、色素、药材、补品、糖、调料等配制或泡制的酒，如各种配制酒、炮制酒、滋补酒等。果木酒是指以各种果品为主要原料，经发酵过滤酿制的酒。汽酒是指以果汁、香精、色素、酸料、酒（或酒精）、糖（或糖精）等调配，冲加二氧化碳制成的酒度在1度以上的酒。药酒是指按照医药卫生部门的标准，以白酒、黄酒为酒基加入各种药材炮制或配制的酒。

对以蒸馏酒或食用酒精为酒基，具有国食健字或卫食健字文号且酒精度低于38度（含），或以发酵酒为酒基，酒精度低于20度（含）的配制酒，按"其他酒"10%适用税率征收消费税。其他配制酒，按白酒税率征收消费税。

（5）酒精

酒精税率为5%。酒精又名乙醇，是指以含有淀粉或糖分的原料，经糖化和发酵后，用蒸馏方法生产的酒精度数在95度以上的无色透明液体，也可以石油裂解气中的乙烯为原料，用合成方法制成。酒精的征收范围包括用蒸馏法和合成方法生产的各种工业酒精、医药酒精、食用酒精。

3. 化妆品，税率为30%

本税目征收范围包括各类美容、修饰类化妆品、高档护肤类化妆品和成套化妆品。美容、修饰类化妆品是指日常生活中用于修饰美化人体表面的用品，所用原料各异，按其类别划分，可分为美容和芳香两类。美容类有香粉、口红、指甲油、胭脂、眉笔、蓝眼油、眼睫毛及成套化妆品等；芳香类有香水、香水精等。本税目的征收范围包括香水、香水精、香粉、口红、指甲油、胭脂、眉笔、唇笔、蓝眼油、眼睫毛以及成套化妆品。舞台、戏剧、影视演员化妆用的上妆油、卸妆油、油彩不属于本税目的征收范围。护肤类化妆品是指用于人体皮肤起滋润、防护、整洁作用的产品。高档护肤类化妆品征收范围目前尚未细化。

4. 贵重首饰及珠宝玉石

本税目包括凡以金、银、白金、宝石、珍珠、钻石、翡翠、珊瑚、玛瑙等高贵稀有物质，以及其他金属、人造宝石等制作的各种纯金银首饰及镶嵌首饰（含人造金银、合成金银首饰等）。本税目分为以下两个子税目：金银首饰、铂金首饰和钻石及钻石饰品；其他贵重首饰和珠宝玉石。金、银、金基、银基、祐金、钻石、钻石饰品等首饰和饰品在零售环节纳税，税率5%；其他与金基、银基、铂金、钻无关的贵重首饰及珠宝玉石在生产（出厂）、进口、委托加工环节纳税，税率为10%。

第二节　消费税的依据与交税

一、消费税计税依据

国家在确定消费税的计税依据时，主要从应税消费品的价格变化情况和便于征纳等角度出发，分别采用从价定率、从量定额或者从价定率和从量定额复合计税三种计税办法。

（一）实行从量定额计征办法的计税依据

从量定额通常以每单位应税消费品的重量、容积或数量为计税依据，并按每单位应税消费品规定固定税额，这种固定税额即为定额税率。

我国消费税对黄酒、啤酒、成品油实行定额税率，采用从量定额的办法征税，其计税依据是纳税人销售应税消费品的数量，其计税公式为：

应纳税额 = 应税消费品数量 × 消费税单位税额

（二）实行从价定率计征办法的计税依据

实行从价定率办法征税的应税消费品，计税依据为应税消费品的销售额。

由于消费税和增值税实行交叉征收，消费税实行价内税，增值税实行价外税。这种情况决定了实行从价定率征收的消费品，其消费税税基和增值税税基是一致的，即都是以含消费税而不含增值税的销售额作为计税基数。实行从价定率征收办法的消费品，其应纳税额计算公式为：

应纳税额 = 应税消费品的销售额 × 适用税率

1.应税销售行为的确定

要正确核定消费税的计税依据，首先应正确确定应税消费品的销售行为。根据消费税暂行条例及实施细则的有关规定，下列情况均应做销售或视同销售，确定销售额，并按规定缴纳消费税。具体包括以下内容。

（1）有偿转让应税消费品所有权的行为

有偿转让应税消费品所有权的行为即以从受让方取得货币、货物、劳务或其他经济利益为条件转让应税消费品所有权的行为。具体包括纳税人用应税消费品换取生产资料和消费资料；用应税消费品支付代扣手续费或销售回扣；在销售数量之外另付给购货方或中间人作为奖励和报酬的应税消费品。

（2）纳税人自产自用的应税消费品用于其他方面的

纳税人自产自用的应税消费品用于其他方面的即纳税人用于生产非应税消费品和

在建工程、管理部门、非生产机构、提供劳务以及用于馈赠、赞助、广告、样品、职工福利、奖励等，均视同对外销售。

（3）委托加工的应税消费品

委托加工是指由委托方提供原料和主要材料，受托方只收取加工费和代垫部分辅助材料加工的应税消费品。对于由受托方提供原材料生产的应税消费品，或者受托方先将原材料卖给委托方，然后再接受加工的应税消费品，以及由受托方以委托名义购进原材料生产的应税消费品，不论纳税人在财务上是否作销售处理，都不得作为委托加工应税消费品，而应按照受托方销售自制应税消费品对待。

2. 销售额的确定

应税消费品的销售额包括销售应税消费品从购买方收取的全部价款和价外费用。所谓"价外费用"，是指价外收取的基金、集资款、返还利润、补贴、违约金（延期付款利息）和手续费、包装费、储备费、优质费、运输装卸费、品牌使用费、代收款项、代垫款项以及其他各种性质的价外收费。

"销售额"不包括应向购买方收取的增值税税额。如果纳税人应税消费品的销售额中未扣除增值税税额或者因不得开具增值专用发票而发生价款和增值税税额合并收取的，在计算消费税时，应当换算为不含增值税税额的销售额。其换算公式为：

应税消费品的销售额 = 含增值税的销售额 ÷（1+ 增值税税率或征收率）

如果消费税的纳税人同时又是增值税一般纳税人的，就应适用 17% 的增值税税率；如果消费税的纳税人是增值税小规模纳税人的，就应用 3% 的征收率。一般情况下，从价计算消费税的销售额与计算增值税销项税的销售额是同一个数字。消费税与增值税同时对货物征收，但两者之间与价格的关系是不同的。增值税是价外税，计算增值税的价格中不应包括增值税税金；消费税是价内税，计算消费税的价格中是包括消费税税金的。通常所说的"不含税价"只是不含增值税，并不意味着不含消费税。

应税消费品连同包装物销售的，无论包装物是否单独计价，也不论在财务上如何核算，均应并入应税消费品的销售额中征收消费税。如果包装物不作价随同产品销售，而是收取押金，此项押金就不应并入应税消费品中征税。但对逾期未收回的包装物不再退还的和已收取一年以上的押金，应并入应税消费品的销售额，按照应税消费品的适用税率征收消费税。

对既作价随同应税消费品销售，又另外收取押金的包装物押金，凡纳税人在规定的期限内不予退还的，均应并入应税消费品的销售额，按照应税消费品的适用税率征收消费税。

纳税人销售的应税消费品，以外汇结算销售额的，其销售额的人民币折合率可以选择结算的当天或当月 1 日的国家外汇牌价（原则上为中间价），纳税人应在事先确定采取何种折合率，确定后一年内不得变更。

3. 自产自用和委托加工的应税消费品的销售额的确定

自产自用和委托加工的应税消费品，根据消费税暂行条例和实施细则的规定，按照本企业同类消费品的销售价格计算应纳税款。同类产品的销售价格是指纳税人或代收代缴义务人当月销售的同类消费品的销售价格。如果当月各期销售价格高低不同，则应按销售数量加权平均计算。但销售的应税消费品有下列情况之一者，不得列入加权平均数据。一是销售价格明显偏低又无正当理由的。二是无销售价格的。如果当月没有发生销售或当月未完结，应按照同类消费品上月或最近月份的销售价格计算纳税。

二、消费税应纳税额的计算

（一）生产销售环节消费税的计算

在生产销售环节缴纳的消费税包括直接对外销售应税消费品缴纳的消费税和自产自用应税消费品缴纳的消费税。所谓自产自用，就是纳税人生产应税消费品后，不是直接对外销售，而是用于自己连续生产应税消费品或者用于其他方面。纳税人自产自用的应税消费品，用于连续生产应税消费品的，不缴纳消费税；用于其他方面的，于移送使用时缴纳消费税。用于连续生产应税消费品，是指纳税人将自产自用的应税消费品作为生产最终应税消费品的直接材料，并构成最终应税消费品的实体。如卷烟厂生产的烟丝是应税消费品，直接对外销售应缴纳消费税；如用来连续生产卷烟，则用于连续生产的烟丝在移送时不缴纳消费税，只对生产的卷烟在销售时征收消费税。"用于其他方面"是指用于生产非应税消费品（如用酒精生产跌打正骨水，酒精是应缴纳消费税的消费品，跌打正骨水是不缴纳消费税的非应税消费品）；用于在建工程；用于管理部门、非生产机构；用于提供劳务；用于馈赠、赞助、集资、广告、样品、职工福利、奖励等方面。

（二）应纳税额的计算

1. 生产销售环节应纳消费税的计算

（1）从价定率计算

在从价定率计算方法下，应纳消费税额等于销售额乘以适用税率。基本计算公式为：

应纳税额＝应税消费品的销售额 × 比例税率

（2）从量定额计算

在从量定额计算方法下，应纳税额等于应税消费品的销售数量乘以单位税额。

应纳税额＝应税消费品的销售数量 × 定额税率

（3）从价定率和从量定额复合计算

现行消费税的征税范围中，只有卷烟、粮食白酒、薯类白酒才可以采用复合计算方法。基本公式为：

应纳税额 = 应税销售数量 × 定额税率 + 应税销售额 × 比例税率

2. 自产自用应税消费品应纳税额的计算

所谓自产自用，就是纳税人生产应税消费品后，不是用于直接对外销售，而是用于自己连续生产应税消费品或用于其他方面。这种自产自用应税消费品形式，在实际经济活动中是很常见的，但也是在是否纳税或如何纳税上最容易出现问题的。例如，有的企业把自己生产的应税消费品，以福利或奖励等形式发给本厂职工，以为不是对外销售，不必计入销售额，无须纳税。这样就出现了漏缴税款的现象。因此，很有必要认真理解税法对自产自用应税消费品的有关规定。

（1）用于连续生产应税消费品

纳税人自产自用的应税消费品，用于连续生产应税消费品的，不纳税。例如卷烟厂生产的烟丝，如果直接对外销售，就应缴纳消费税，但如果烟丝用于本厂连续生产卷烟，这样，用于连续生产卷烟的烟丝就不缴纳消费税，只对生产的卷烟征收消费税。

（2）用于其他方面的应税消费品

纳税人自产自用的应税消费品，除用于连续生产应税消费品外，凡用于其他方面的，于移送使用时纳税。

（3）组成计税价格及税额的计算

没有同类消费品销售价格的，按照组成计税价格计算纳税。组成计税价格的计算公式是：

组成计税价格 =（成本 + 利润）÷（1- 比例税率）

应纳税额 = 组成计税价格 × 比例税率

3. 委托加工环节应税消费品应纳税额的计算

企业、单位或个人由于设备、技术、人力等方面的局限或其他方面的原因，常常要委托其他单位代为加工应税消费品，然后，将加工好的应税消费品收回，直接销售或自己使用。这是生产应税消费品的另一种形式，也需要纳入征收消费税的范围。例如，某企业将购来的小客车底盘和零部件提供给某汽车改装厂，加工组装成小客车自己使用，则加工、组装成的小客车就需要缴纳消费税。按照规定，委托加工的应税消费品，由受托方在向委托方交货时代收代缴税款。

（1）委托加工应税消费品的含义

委托加工应税消费品是指由委托方提供原料和主要材料，受托方只收取加工费和代垫部分辅助材料加工应税消费品。对于由受托方提供原材料生产的应税消费品，或者受托方先将原材料卖给委托方，然后再接受加工的应税消费品，以及由受托方以委托方名义购进原材料生产的应税消费品，不论纳税人在财务上是否作销售处理，都不得作为委托加工应税消费品，而应当按照销售自制应税消费品缴纳消费税。

（2）代收代缴税款的规定

对于确实属于委托方提供原材料和主要材料，受托方只收取加工费和代垫部分辅助材料加工的应税消费品，税法规定，由受托方在向委托方交货时代收代缴消费税。这样，受托方就是法定的代收代缴义务人。如果受托方对委托加工的应税消费品没有代收代缴或少代收代缴消费税，就要按照税收征收管理法的规定，承担代收代缴的法律责任。

受托方没有按规定代收代缴税款，除受到一定的处罚外，还要追究委托方的责任，令其补缴税款。在税收征管中，如果发现委托方委托加工的应税消费品，受托方没有代收代缴税款，委托方要补缴税款，受托方就不再补税了。

委托加工的应税消费品，受托方在交货时已代收代缴消费税，委托方收回后直接销售的，不再征收消费税。

（3）委托加工应税消费品组成计税价格的计算

委托加工的应税消费品，按照受托方的同类消费品的销售价格计算纳税；没有同类消费品销售价格的，按照组成计税价格计算纳税。

有同类消费品销售价格的，其应纳税额的计算公式为：

应纳税额 = 同类消费品销售单价 × 委托加工数量 × 适用税率

没有同类消费品销售价格的，按组成计税价格计税。计算公式为：

组成计税价格 = 材料成本 + 加工费 / （1- 消费税税率）

应纳税额 = 组成计税价格 × 适用税率

公式中的"材料成本"，按照《消费税暂行条例实施细则》的解释，是指委托方所提供加工材料的实际成本。委托加工应税消费品的纳税人，必须在委托加工合同上如实注明（或其他方式提供）材料成本，凡未提供材料成本的，受托方所在地主管税务机关就有权核定其材料成本。可见，税法对委托方提供原料和主要原料，必须如实提供材料成本，做了严格的规定，其目的是防止假冒委托加工应税消费品或少报材料成本，逃避纳税的问题。

税消费品向委托方所收取的全部费用，包括代垫辅助材料的实际成本。这是税法对受托方的要求。其目的为：一方面，可以保证组成计税价格及代收代缴消费税准确计算出来；另一方面，是税法对于受托方就加工费计算缴纳增值税的必然要求。

第三节　消费税的征收与管理

一、纳税义务发生时间

纳税人生产的应税消费品于销售时纳税，进口消费品应当于应税消费品报关进口环节纳税，但金银首饰、钻石饰品在零售环节纳税。消费税纳税义务发生的时间，以货款结算方式或行为发生时间分别确定。

纳税人销售的应税消费品，其纳税义务的发生时间包括以下内容。

第一，纳税人采取赊销和分期收款结算方式的，其纳税义务的发生时间，为销售合同规定的收款日期的当天。

第二，纳税人采取预收货款结算方式的，其纳税义务的发生时间，为发出应税消费品的当天。

第三，纳税人采取托收承付和委托银行收款方式销售的应税消费品，其纳税义务的发生时间，为发出应税消费品并办妥托收手续的当天。

第四，纳税人采取其他结算方式的，其纳税义务的发生时间，为收讫销售款或者取得索取销售款的凭据的当天。

纳税人自产自用的应税消费品，其纳税义务的发生时间，为移送使用的当天。纳税委托加工的应税消费品，其纳税义务的发生时间，为纳税人提货的当天。

纳税人进口的应税消费品，其纳税义务的发生时间，为报关进口的当天。

二、纳税期限

按照《消费税暂行条例》规定，消费税的纳税期限分别为 1 日、3 日、5 日、10 日、15 日、1 个月或者 1 个季度。纳税人的具体纳税期限，由主管税务机关根据纳税人应纳税额的大小分别核定；不能按照固定期限纳税的，可以按次纳税。

纳税人以 1 个月或以 1 个季度为一期纳税的，自期满之日起 15 日内申报纳税；以 1 日、3 日、5 日、10 日或者 15 日为一期纳税的自期满之日起 5 日内预缴税款，于次月 1 日起至 15 日内申报纳税并结清上月应纳税款。

纳税人进口应税消费品，应当自海关进口消费税专用缴款书之日起 15 日内缴纳税款。如果纳税人不能按照规定的纳税期限依法纳税，将按《税收征收管理法》的有关规定处理。

三、纳税地点

消费税具体纳税地点包括以下内容。

第一，纳税人销售的应税消费品，以及自产自用的应税消费品，除国家另有规定的外，应当向纳税人核算地主管税务机关申报纳税。

第二，委托个人加工的应税消费品，由委托方向其机构所在地或者居住地主管税务机关申报纳税。除此之外，由受托方向所在地主管税务机关代收代缴消费税税款。

第三，进口的应税消费品，由进口人或者其代理人向报关地海关申报纳税。

第四，纳税人到外县（市）销售或者委托外县（市）代销自产应税消费品的，应于应税消费品的销售后，向机构所在地或者居住地主管税务机关申报纳税。

纳税人的总机构与分支机构不在同一县（市）的，应当分别向各自机构所在地的主管税务机关申报纳税；经财政部、国家税务总局或者其授权的财政、税务机关批准，可以由总机构汇总向总机构所在地的主管税务机关申报纳税。

第五，纳税人销售的应税消费品，如因质量等原因由购买者退回时，经所在地主管税务机关审核批准后，可退还已征收的消费税税款。但不能自行直接抵减应纳税款。

第四节　营业税的征税范围

一、营业税概述

（一）营业税的含义

营业税是对在中国境内提供应税劳务、转让无形资产或销售不动产的单位和个人，就其所取得的营业额征收的一种税。营业税属于流转税制中的一个主要税种。

营业税一般以营业全额为计税依据，实行比例税率，税款随营业收入额的实现而实现，因此，计征简便，有利于节省征纳费用。应税劳务是指属于运输业、建筑业、金融保险业、邮电通信业、文化体育业、娱乐业、服务业等税目征收范围的劳务。

（二）营业税的特点

我国现行的营业税具有如下几个特点。

1.征税范围广

营业税的征税范围包括在境内提供应税劳务、转让无形资产和销售不动产的经营行为，涉及国民经济中第三产业这一广泛的领域。第三产业直接关系着城乡人民群众的日常生活，因而营业税的征税范围具有广泛性和普遍性。随着第三产业的不断发展，营业税的收入也将逐步增长。

2. 计算方法简便

营业税的计税依据为各种应税劳务收入的营业额、转让无形资产的转让额、销售不动产的销售额（三者统称为营业额），税收收入不受成本、费用高低影响，收入比较稳定。营业税实行比例税率，计征方法简便。

3. 税率多样化

营业税与其他流转税税种不同，它不按商品或征税项目的种类、品种设置税目、税率，而是从应税劳务的综合性经营特点出发，按照不同经营行业设置不同的税目、税率。

二、纳税人

（一）营业税的纳税义务人

根据《中华人民共和国营业税暂行条例》的规定，在中华人民共和国境内提供应税劳务、转让无形资产或销售不动产的单位和个人，为营业税的纳税义务人。

应税劳务是指属于交通运输业、建筑业、金融保险业、邮电通信业、文化体育业、娱乐业、服务业等税目征收范围的劳务。加工修理修配劳务属于增值税的征收范围，因此不属于营业税的应税劳务。单位或个体工商户聘用的员工为本单位或雇主提供的劳务，也不属于营业税的应税劳务。

纳税义务人的特殊规定：单位以承包、承租、挂靠方式经营的，承包人、承租人、挂靠人发生应税行为，承包人以发包人、出租人、被挂靠人名义对外经营并由发包人承担相关法律责任的，以发包人为纳税人；否则以承包人为纳税人。建筑安装业务实行分包或转包的，分包或转包人为纳税人。

（二）营业税的扣缴义务人

委托金融机构发放贷款，以受托发放贷款的金融机构为扣缴义务人。

纳税人提供建筑业应税劳务时应按下列规定确定营业税扣缴义务人。

第一，建筑安装业务实行总承包、分包的，其应纳税款以总承包人为扣缴义务人。

第二，纳税人提供建筑业应税劳务，符合以下情形之一的，无论工程是否实行分包，税务机关可以建设单位和个人为营业税扣缴义务人：①纳税人从事跨地区（包括省、市、县）工程提供建筑业应税劳务的；②纳税人在劳务发生地没有办理税务登记或临时税务登记的。

境外单位或个人在境内发生的应税行为而在境内未设有经营机构的，其应纳税款以代理者为扣缴义务人；没有代理机构的，以受让者或购买者为扣缴义务人。

单位或个人进行演出由他人售票的，应纳税款以售票者为扣缴义务人。

分保险业务，以初保人为扣缴义务人。

个人转让专利、非专利技术、商标、著作权、商誉等无形资产的，以受让者为扣缴义务人。

财政部规定的其他扣缴义务人。一项销售行为如果既涉及应税劳务又涉及货物，为混合销售行为。从事货物的生产、批发或者零售的企业、企业性单位和个体工商户的混合销售行为，视为销售货物，不缴纳营业税；其他单位和个人的混合销售行为，视为提供应税劳务，缴纳营业税。

三、营业税的税目、税率

（一）税目

1.交通运输业

交通运输业，是指使用运输工具或人力、畜力将货物或旅客送达目的地，使其空间位置得到转移的业务活动。本税目的征收范围包括：陆路运输，水路运输，航空运输，管道运输，装卸搬运。凡与运营业务有关的各项劳务活动，均属本税目的征税范围。

（1）陆路运输

陆路运输，是指通过陆路（地上或地下）运送货物或旅客的运输业务，包括铁路运输，公路运输，缆车运输，索道运输及其他陆路运输。

（2）水路运输

水路运输，是指通过江，河，湖，川等天然、人工水道或海洋航道运送货物或旅客的运输业务。打捞业务比照水路运输征税。

（3）航空运输

航空运输，是指通过空中航线运送货物或旅客的运输业务。通用航空业务，航空地面服务业务，比照航空运输征税。通用航空业务，是指为专业工作提供飞行服务的业务，如航空摄影，航空测量，航空勘探，航空护林，航空吊挂飞播，航空降雨等。航空地面服务业务，是指航空公司，飞机场，民航管理局，航站向在我国境内航行或在我国境内机场停留的境内外飞机或其他飞行器提供的导航等劳务性地面服务的业务。

（4）管道运输

管道运输，是指通过管道设施输送气体、液体、固体物质的运输业务。

（5）装卸搬运

装卸搬运，是指使用装卸搬运工具或人力、畜力将货物在运输工具之间，装卸现场之间或运输工具与装卸现场之间进行装卸和搬运的业务。

2. 建筑业

建筑业，是指建筑安装工程作业。本税目的征收范围包括：建筑、安装、修缮、装饰和其他工程作业。

（1）建筑

建筑，是指新建，改建，扩建各种建筑物、构筑物的工程作业，包括与建筑物相连的各种设备或支柱，操作平台的安装或装设工程作业，以及各种窑炉和金属结构工程作业在内。

（2）安装

安装，是指生产设备，动力设备，起重设备，运输设备，传动设备，医疗实验设备及其他各种设备的装配、安置工程作业，包括与设备相连的工作台，梯子，栏杆的装设工程作业和被安装设备的绝缘、防腐、保温、油漆等工程作业在内。

（3）修缮

修缮，是指对建筑物、构筑物进行修补、加固、养护、改善，使之恢复原来的使用价值或延长其使用期限的工程作业。

（4）装饰

装饰，是指对建筑物，构筑物进行修饰，使之美观或具有特定用途的工程作业。

（5）其他工程作业

其他工程作业，是指上列工程作业以外的各种工程作业，如代办电信工程，水利工程，道路修建，疏浚，钻井（打井），拆除建筑物或构筑物，平整土地，搭脚手架，爆破等。

3. 金融保险业

金融保险业，是指经营金融、保险的业务。本税目的征收范围包括金融和保险。

（1）金融

金融，是指经营货币资金融通活动的业务，包括贷款，融资租赁，金融商品转让，金融经纪业和其他金融业务。

（2）保险

保险，是指将通过契约形式集中起来的资金，用以补偿被保险人的经济利益的业务。

4. 邮电通信业

邮电通信业，是指专门办理信息传递的业务。本税目的征收范围包括邮政和电信。

（1）邮政

邮政，是指传递实物信息的业务，包括传递函件或包件、邮汇、报刊发行、邮务物品销售、邮政储蓄及其他邮政业务。

（2）电信

电信，是指用各种电传设备传输电信号来传递信息的业务，包括电报、电传、电话、电话机安装、电信物品销售及其他电信业务。

5. 文化体育业

文化体育业，是指经营文化、体育活动的业务。本税目的征收范围包括文化业和体育业。

（1）文化业

文化业，是指经营文化活动的业务，包括表演、播映、其他文化业。经营游览场所的业务，比照文化业征税。

（2）体育业

体育业，是指举办各种体育比赛和为体育比赛或体育活动提供场所的业务。以租赁方式为文化活动、体育比赛提供场所的，不按本税目征税。

（二）税率

营业税按照行业、类别的不同分别采用不同的比例税率。具体规定为娱乐业执行5%～20%的幅度税率，具体适用的税率，由省、自治区、直辖市人民政府根据当地的实际情况在税法规定的幅度内决定。营业税的税目税率的调整由国务院决定。

第五节　营业税的依据与征收

一、营业税的计税依据

营业税的计税依据是营业额。营业额为纳税人提供应税劳务、转让无形资产或销售不动产向对方收取的全部价款和价外费用。

价外费用是向对方收取的手续费、服务费、基金、集资费、返还利润、奖励费、违约金、滞纳金、延期付款利息、赔偿金、代收款项、代垫款项、罚息及其他各种性质的价外收费。

营业税的计算公式如下：

应纳税额＝营业额×税率

价外费用不包括同时符合以下条件代为收取的政府性基金或者行政事业性收费。

二、营业税的缴纳与征收

（一）纳税义务发生时间

营业税纳税义务发生时间为纳税人提供应税劳务、转让无形资产或者销售不动产并收讫营业收入款项或者取得索取营业收入款项凭据的当天，未签订书面合同或者书面合同未确定付款日期的，为应税行为完成的当天。

纳税人转让土地使用权或者销售不动产，采用预收款方式的，其纳税义务发生时间为收到预收款的当天。

单位或个人自己新建建筑物后销售，为自建和销售不动产两项行为，其自建行为的纳税义务发生时间，为其销售自建建筑物并收讫营业额或者取得索取营业额的凭据的当天。

单位和个人提供应税劳务、转让专利权、非专利技术、商标权、著作权和商誉时，向对方收取的预收性质的价款（包括预收款、预付款、预存费用、预收定金等，下同），其营业税纳税义务发生时间以按照财务会计制度的规定，该项预收性质的价款被确认为收入的时间为准；国务院财政、税务主管部门另有规定的，从其规定。

（二）营业税纳税地点

纳税人提供应税劳务应当向其机构所在地或者居住地的主管税务机关申报纳税。但是，纳税人提供的建筑业劳务以及国务院财政、税务主管部门规定的其他应税劳务，应当向应税劳务发生地的主管税务机关申报纳税。

纳税人转让无形资产应当向其机构所在地或者居住地的主管税务机关申报纳税。但是，纳税人转让、出租土地使用权，应当向土地所在地的主管税务机关申报纳税。

纳税人销售、出租不动产应当向不动产所在地的主管税务机关申报纳税。

扣缴义务人应当向其机构所在地或者居住地的主管税务机关申报缴纳其扣缴的税款。

三、纳税期限

营业税的纳税期限分别为 5 日、10 日、15 日、1 个月或者 1 个季度。纳税人的具体纳税期限，由主管税务机关根据纳税人应纳税额的大小分别核定；不能按照固定期限纳税的，可以按次纳税。

纳税人以 1 个月或者 1 个季度为一个纳税期的，自期满之日起 15 日内申报纳税；以 5 日、10 日或者 15 日为一个纳税期的，自期满之日起 5 日内预缴税款，于次月 1 日起 15 日内申报纳税并结清上月应纳税款。

扣缴义务人的解缴税款期限，比照纳税人的规定执行。

营业税的征收管理，依照《中华人民共和国税收征收管理法》及《营业税》条例有关规定执行。

第九章 财政平衡与政策

第一节 财政平衡

一、财政平衡的含义

财政平衡是"财政收支平衡"的简称，通常是指年度财政收入与年度财政支出在总量对比上的相等或者平衡。当今世界上大多数国家的财政收支都是通过政府预算实现的，所以，财政收支之间的平衡也就表现为国家预算收支在量上的对比关系。

财政收支平衡可从以下五个方面把握。

（一）财政平衡是指国家预算收支在量上的对比关系

按我国的统计口径，是指当年的收支对比。收支对比不外乎为三种结果。一是收大于支有结余。二是支大于收有逆差，其差额在会计上一般用红字书写，故称之为财政赤字。三是收支相等。国家预算作为一种平衡表，收与支是恒等的，而结余或赤字是从某种政策含义上，就收支的经济内容特别是就收入要素的分析所得出的结果。就经济内容分析，收支正好相等的情况在理论上是可以成立的，但从实际经济运行来看，几乎是不存在的，而且当今世界各国年年有预算结余的国家也为数不多，预算逆差倒是收支对比的常态。就现代市场经济国家而言，财政赤字已经是一种世界性经济现象。因此，财政平衡不过是把收支对比的一种理想状态，作为预算的编制和执行追求的参照系而已。

（二）研究财政平衡要有动态平衡的观点，不能局限于静态平衡

动态平衡是指从长远观点寻求财政平衡，而静态平衡主要表现为不考虑时间因素，只考察一个财政年度内的收支平衡。动态平衡引进了时间因素，考虑年度之间的联系和衔接，是依据经济周期对财政的影响以及从财政对经济周期调节作用的客观需要出发的，其有利于研究财政收支的发展趋势，求得一个时期内的收支平衡。同任何客观事物的发展一样，财政收支平衡是相对的，是在收与支这对矛盾不断产生又不断解决

的过程中实现的，因为平衡毕竟是某一时点上出现的瞬时现象，或者是在平衡表上的形式表现。例如，运用财政结余的当年虽在统计上表现为赤字，但如果结合有结余的年份一起从动态上来考虑，财政收支仍然是平衡的其规律表现为，平衡不断被打破，又不断达到新的平衡。

（三）研究财政平衡还要有全局观点，不能就财政平衡论财政平衡，要研究综合平衡

财政状况是国民经济运行的综合反映，财政收支是宏观经济的重要指标，财政政策又是宏观调控体系的重要组成部分。财政收支作为一种货币收支，同国民经济货币收支体系中的其他货币收支，是相互交织、相互转化的。财政部门作为一个经济部门，它的收支同家庭部门、企业部门以及对外部门的收支有着密切的联系，而且是互补余缺的。只有从国民经济全局出发研究财政平衡，才可能分析财政平衡状况的后果，探求改善财政状况的对策，也才有可能运用财政政策有效地调节经济运行，从而达到优化资源配置、公平分配以及稳定和发展的目标。

（四）财政收支平衡可以从中央预算平衡和地方预算平衡分别考察

根据我国过去的财政体制，一般是把中央财政与地方财政结合到一起，从总体上进行考察。这种考察虽可反映国家财政收支的全貌，却不能反映中央与地方政府各自收支的对比情况。中央财政实际存在的赤字比国家公布的财政赤字数要大得多。随着财政体制的改革，地方财政将成为一级独立的财政主体，在中央预算与地方预算分立的情况下，分别考察中央预算的平衡与地方预算的平衡，就是十分必要的了。

二、财政平衡的口径

在如何理解财政收支平衡的问题上，还有一个关于财政收支平衡的计算口径问题，或者说结余和赤字的口径问题。计算财政的结余或赤字，通常有以下两种不同的口径。

赤字或结余 =（经常收入 + 债务收入）—（经常支出 + 债务支出）

（小口径的硬赤字或结余）

赤字或结余 = 经常收入 - 经常支出（大口径的软赤字或结余）

这两种口径的主要差别在于，债务收入是否计入正常收入之中，以及债务的清偿是否计入正常支出之中。按第一种口径，债务收入计入正常财政收入，相应地，债务还本付息也计入正常支出；按第二种口径，债务收入不列为正常收入，相应地，债务的偿还也不列为正常支出，但利息的支付却列入正常支出。

第二节　财政赤字

一、财政赤字的概念

　　财政赤字一般是指财政支出大于财政收入的差额，通常是按照财政年度计算的。由于财政收支是通过政府预算安排和实施的，财政赤字是在政府预算中安排或者预算执行结果中表现出来的，所以，也常常称财政赤字为预算赤字。

　　财政赤字有预算赤字、决算赤字和赤字政策几个概念的区别。

　　预算赤字是指在编制预算时，就存在收不抵支的情况，预算列有赤字，不代表预算执行的结果也一定有赤字。因为在预算执行过程中可以通过采取增收节支的措施，实现收支的平衡。

　　决算赤字是指预算执行结果支大于收。决算有赤字，可能是因为预算编制时就有赤字，也可能是预算执行过程中出现新的减收增支的因素而导致赤字。

　　预算赤字或决算赤字，从指导思想上来说，并不是有意识地安排赤字也并非在每一个财政年度都会出现，只是由于经济生活中的一些矛盾一时难以解决而导致的个别年度或少数年度的赤字。赤字财政则完全不同。

　　赤字财政是指国家有意识地用赤字来调节经济的一种政策，亦即通过财政赤字扩大政府支出的规模，刺激社会有效需求的增长。因而赤字政策不是个别年度或少数年度存在赤字，它的主要标志是连年的巨额赤字。

二、财政赤字对经济的影响

（一）财政赤字与货币供给

　　经济界有一种流行的说法。财政有赤字，银行发票子。这个简单定式不但是用来说明财政赤字与现金发行的关系的，而且往往被认为是一种固定的因果关系。但只要经过分析就可以发现，这一论点绝不是在任何情况下都能适用的，甚至可以说，在现代经济生活中基本是不适用的。

　　财政赤字对经济的影响和赤字规模大小有关，但更主要的还取决于对赤字的弥补方式。

　　先看看向银行透支或借款来弥补财政赤字的情况。这里需要说明一下透支和借款有什么不同。财政向银行透支的办法是从我国之前的各个时期沿袭下来的，当时财政有赤字只有靠发行货币来弥补，在财政与银行之间没有任何权责关系，既不还本也不付息。将财政透支改为财政借款是经济体制改革以后的事情，借款似乎表明了财政与银行的权责关系，即有借有还，并支付利息，但实际上财政向银行借款只是支付一定的利息，而从来没有还本。因此，财政透支与财政借款实质上是一回事。那么，财政向银行借款的过程是怎样的？无论是中国还是外国，通常是由中央银行代行国库的职能，也就是说财政的一切收支都是通过银行账户入库和拨付的。出现财政赤字意味着财政收进的货币满足不了必要的开支，那么这些货币从何而来，其中有一种弥补办法就是向银行借款。财政向银行借款的实际操作是很简单的，就是在两个账户上各记上一笔相等的金额。财政向银行借款会增加中央银行的准备金从而增加基础货币，这是毫无疑问的。但财政借款是否会引起货币供给过度，则不是肯定的。众所周知，随着经济的增长，货币需要必然增加，从而要求增加货币供给量。在每年新增加的货币供给中，必有一个由货币系数决定的基础货币增量，这个增量可以视为财政借款的最大限额。在这个限度内的财政借款，就不会造成通货膨胀的后果。或者说，在现代信用制度下，在财政向银行借款时，只要银行能控制贷款总规模，就不会发生货币供给过量的问题。

　　用发行公债弥补财政赤字的货币效应则比较复杂，这要结合什么人（或单位）购买以及用什么钱购买进行具体分析。

　　居民个人或企业包括商业银行购买公债，一般来说只是购买力的转移或替代，不产生增加货币供给的效应。因为财政通过债券取得货币后，表现为商业银行在中央银行的准备金减少，但财政支出后，准备金又会恢复，准备金不变，货币供给规模也不变。

（二）财政赤字扩大总需求的效应

　　我国经济界还流行一种观点，认为我国是短缺型经济，需求过旺是常态，在这种经济中，财政有赤字，必然扩大总需求，加剧总供求的矛盾。这种说法看起来似乎颇有道理，却忽视了财政赤字构成总需求的两种不同方式。如上分析，财政赤字可以作为新的需求叠加在原有的总需求水平之上，使总需求扩张。另一种情况则是通过不同的弥补方式，财政赤字只是替代其他部门的需求而构成总需求的一部分。后一种情况，仅仅改变总需求结构，并不增加总需求规模，即使在短缺型经济中也是如此。

　　20世纪80年代中期以来，还出现了另一种说法，认为财政赤字是国民收入超分配的重要原因。首先对国民收入超分配这个概念有不同的理解，其实准确的理解只能是总需求大于总供给、货币供给量大于货币需要量，不过是需求过旺或通货膨胀的另一种说法。财政支大于收，单从财政本身来看，说其是一种超分配行为未尝不可，但从国民经济整体来看，一个部门的逆差，可能与另一个部门的结余相对应。如果财政赤字对应的是居民储蓄或企事业单位的结余，那么，从全社会角度来看，财政赤字造成国民收入超分配的观点就不能成立了。

（三）财政赤字的排挤效应问题

财政赤字的排挤效应是当代经济学界的热门话题之一。财政赤字的排挤效应一般是指财政赤字对私人消费和投资的排挤性影响。

（四）财政赤字与发行国债

发行国债不但是世界各国弥补财政赤字的普遍做法，而且被认为是一种最可靠的弥补途径。但是，债务作为弥补财政赤字的来源，会随着财政赤字的增长而增长。还有另一面，就是债务是要还本付息的，债务的增加也会反过来加大财政赤字。当前，许多国家，有发达国家也有发展中国家，都面临着赤字与债务同时增长的局面。发达国家主要担心的是债务带来的排挤效应以及巨额债务终将导致债务货币化的前景。发展中国家也担心会产生不良后果，即国债信誉下降，债券不易发行，出现债务危机，被迫发行货币偿还本息等。

国债利息率是国债发行中的一个重要问题。利息低甚或出现负利率，会加大发行的困难，但高利息率又会加大发行成本，并构成扩大财政赤字的因素。在发展中国家，迫于政府急需资金和市场利率的压力，国债利息率一般呈上升的趋势。上面在说明计算财政赤字口径时，国债利息支出应计入经常性支出，只有利息率低于国内生产总值的增长速度，才有可能靠税收的自然增长支付利息，否则也要靠借新债来偿还旧债的利息。在这种情况下，必将出现扩大债务规模与控制利息率的两难选择。

第三节　财政政策

一、财政政策的含义及构成要素

（一）财政政策的含义

财政政策是指一国政府为实现一定的宏观经济目标而调整财政收支规模和收支平衡的指导原则及相应的措施。

（二）财政政策的构成要素

1.财政政策目标

（1）财政政策目标的含义及特征

财政政策目标就是财政政策所要实现的期望值。

首先，这个期望值受政策作用范围和作用强度的制约，超出政策功能所能起作用的范围的取值是政策功能的强度所不能达到的，目标也无法实现。

其次，这个期望值在时间上具有连续性，在空间上具有一致性。通常基本财政政策是一个在较长时期内发挥作用的财政政策，也被称为长期性财政政策。一般性财政政策（或称中短期财政政策）则是在一个特定时期内发挥作用的政策。微观财政政策、中观财政政策与宏观财政政策的划分，总量调节的财政政策与结构调节的财政政策的划分，则是从财政政策作用空间上进行的分析。财政政策目标从时间上取值具有连续性特征，它要求中短期政策在导向上与基本财政政策保持一致。财政政策目标从空间上取值具有层次性特征，它要求各层次财政政策目标取值方向在总体上一致。这就是人们通常讲的保持财政政策的连续性与一致性，也是政策目标确定的一般性要求。

最后，政策目标作为一种期望值，它的取值受社会、政治、经济、文化等环境与条件的限制，并且取决于民众的偏好与政府的行为。因此，政策目标的确定不是一个随心所欲的过程，而是一个科学的、民主的选择或决策过程。

（2）我国财政政策目标

根据我国社会经济的发展需要以及财政的基本特点，我国财政政策的目标，可以归结为以下几个方面。

①物价相对稳定

这是世界各国都在追求的重要目标，也是财政政策稳定功能的基本要求。物价相对稳定，并不是冻结物价，而是把物价总水平的波动约束在经济稳定发展可容纳的空间。物价相对稳定，可以具体释义为避免过度的通货膨胀或通货紧缩。在采取财政措施时必须首先弄清导致通货膨胀或通货紧缩的原因，如果是由需求过旺或需求不足造成的，则需要调整投资性支出或通过税收控制工资的增长幅度，如果是由结构性摩擦造成的，则必须从调整经济结构着手。总之，物价不稳，对这样一个资源相对短缺、社会承受能力较弱的发展中国家来说，始终是经济发展中的一大隐患，因此，在财政政策目标的选择上必须予以充分的考虑。

②收入的合理分配

平均主义分配抑制了劳动者的生产积极性，不利于经济的发展；收入分配不合理，贫富悬殊过大，又不利于社会经济的稳定。在社会主义市场经济下，同资源配置机制一样，应使市场分配起基础作用，同时实施政府的宏观调控。收入分配既要有利于充分调动社会成员的劳动积极性，同时又要防止过分的贫富悬殊，因此，在政策的导向上存在着公平与效率的协调问题。税收负担的合理分配，建立完善的社会保障体系，是实现收入合理分配目标的关键点。

③经济适度增长

适度的含义就是量力而行。其一，要视财力可能（即储蓄水平）制定增长率。储蓄水平主要由收入水平和储蓄倾向两个因素决定。在一个低收入国家，储蓄的能力是有限的，单纯依靠国内储蓄难以实现增长目标，这时引进外资就可以成为发展的重要推动力。其二，要视物力可能制定增长率。物力是各种物资资源的总称，包括能源、钢材、木材、水泥、交通运输等，物力可能实际是指能支撑经济增长的物资承受能力。我国经济发展既是生产能力不断提高的过程，也是产业结构不断进化，即现代产业部门不断增长扩大、传统产业部门比重逐渐下降的过程。因此，在发展进程中一些主导产业部门优先发展，是必然的。只有如此，才能迅速提高社会生产率，摆脱经济低水平循环。但是，非均衡发展超出了必要的限制，短线制约就会成为制约经济发展的力量，在发展政策的选择上必须充分考虑到这种短线制约因素。财政政策在推进经济增长的过程中，一方面，要在政策取向上注意处理好储蓄与消费的关系，保持适度的社会储蓄率；另一方面，要充分认识到我国经济发展中的若干制约因素，注意发挥财政在结构调整和推进创新方面的作用。

④社会生活质量逐步提高

经济系统的最终目标是满足社会全体成员的需要，需要的满足程度，不仅取决于个人消费需求的实现，而且取决于社会公共需要的实现。这种公共需要的满足，综合表现为社会生活质量的提高。例如，公共安全、环境质量、基础科学研究、普及教育等水平的提高都标志着社会生活质量的提高。财政政策把社会生活质量的提高作为政策目标之一，是因为提高社会生活质量，仅靠市场是远远不够的，还必须依靠政府部门提供足够的高质量的社会公共需要。

2. 财政政策主体

（1）财政政策主体的含义

政策主体指的是政策制定者和执行者。政策主体的行为是否规范，对政策功能的发挥和政策效应的大小都具有影响作用。

（2）研究的意义

事实上，在我国的现行体制下，各级政府的行为与偏好，对政策的制定与执行，起着决定性的作用。在财政政策原理研究中重视对政策主体行为规范的分析，有利于说明许多政策偏差现象，对提高政策研究水平颇有帮助。

3. 财政政策工具

财政政策工具是政府为了实现既定财政政策目标而选择的各种财政手段。作为财政政策工具，一般要符合两个条件。其一，它必须是为实现政策目标所需要的；其二，它必须是政府能够直接控制的。由于各种财政政策工具具有不同的功能和作用，就要根据不同的经济形势变化，针对财政政策的具体目标，予以权衡取舍。

（1）财政政策工具的含义

财政政策工具是财政政策主体所选择的用以达到政策目标的各种财政手段。

（2）财政政策工具的内容

财政政策工具主要有税收、公债、公共支出、预算等四种。

①税收

税收作为一种政策工具，具有分配形式上的强制性、无偿性和固定性特征，这些特征使税收调节具有权威性。税收调节的作用，主要通过宏观税率确定、税负分配（包括税种选择与税负转嫁）以及税收优惠和税收惩罚体现出来。

宏观税率（即税收收入占 GDP 的比重）的确定，是财政政策实现调节目标的基本政策度量选择之一。当一国把税收作为财政收入的基本来源（例如我国税收已占整个财政收入的 90%）时，宏观税率就成为衡量财力集中与分散程度的一个重要指标。宏观税率高意味着政府集中掌握的财力或动员资源的能力高，反之则低。政府动员资源的能力如何，对宏观经济运行的稳定以及经济的发展会产生巨大的影响。一般来说，政府提高宏观税率，会对民间部门经济起收缩作用，意味着更多的收入从民间部门流向政府部门，相应地，民间部门的需求将下降，民间部门的产出将减少。政府若降低宏观税率，则会对民间部门经济起扩张作用，需求将相应地上升，产出也相应地增加。

宏观税率确定后，税负的分配就显得十分重要。税负分配，一方面，由政府部门来进行，主要是通过税种选择和制定不同的税率来实现的；另一方面，通过市场活动来进行，主要是通过税负转嫁的形式体现出来的。税负转嫁的结果，使纳税人的名义税负与实际税负不相同。因此，可以说税负转嫁是在政府税负初次分配的基础上，通过市场机制的作用而进行的税负再分配。两个层次的税负分配，对收入的变动、相应的个人与企业的生产经营活动以及各经济主体的行为均会产生重大影响。

税收优惠与税收惩罚主要是在征收征税的基础上，为了某些特殊需要而实行的鼓励性措施或惩罚性措施。这种措施在运用上具有较大的灵活性，它往往起到征税所难以起到的作用，因而在各国税法中都不同程度地保留着某些税收优惠性和惩罚性的措施。税收的优惠性措施包括减税、免税、宽限、加速折旧以及建立保税区等。与税收优惠措施相反的是税收的惩罚性措施，如报复性关税、双重征税、税收加成、征收滞纳金等。无论是优惠性的还是惩罚性的措施，对实现财政政策的某些目标都起到了一定作用。

②公债

作为一种财政信用形式，它最初是用来弥补财政赤字的，随着信用制度的发展，公债已成为调节货币供求、协调财政与金融关系的重要政策手段。公债的调节作用主要体现在下述三种效应上。

"排挤效应"。所谓"排挤效应"，即由于公债的发行，使民间部门的投资或消费资金减少，从而对民间部门的投资或消费起调节作用的效应。

"货币效应"。所谓"货币效应"，即公债发行引起的货币供求变动，其一方面可能使部分"潜在货币"变为现实流通货币，另一方面则可能把存于民间部门的货币转到政府部门或由于中央银行购买公债增加货币的投放。由于公债发行所带来的货币的一系列变动，统称为"货币效应"。

"收入效应"。由于公债主要依靠未来年度增加税收来偿还，而公债持有人在公债到期时，不仅收回本金而且得到利息报偿。政府发行公债主要用于社会公共需要，人人均可享用。这样，在一般纳税人与公债持有人之间就产生了收入的转移问题。此外，公债所带来的收入与负担问题，不仅影响当代人，而且还存在着所谓"代际"的收入与负担的转移问题。对这些问题的分析，即对收入效应的分析。

公债的作用主要通过公债规模、持有人结构、期限结构、公债利率综合体现。政府可以通过调整公债规模，选择购买对象，区分公债偿还期限，制定不同公债利率来实现财政政策的目标。

在现代信用经济条件下，公债的市场操作是沟通财政政策与货币政策的主要载体，通过公债的市场操作，可以协调两大政策体系。一方面，可以淡化赤字的通货膨胀后果，公债的市场融资比直接的政府透支对基础货币的变动影响小；另一方面，可以增加中央银行灵活调节货币供应的能力。

③公共支出

主要指政府满足纯公共需要的一般性支出（或称经常性项目支出），它包括购买性支出和转移性支出两大部分。购买性支出包括商品和劳务的购买，它是一种政府的直接消费支出。转移性支出通过"财政收入—国库—政府支付"的过程将货币收入从一方转移到另一方，此时，民间的消费并不因此而发生变化。

在我国，财政补贴占有重要位置，这不仅因为补贴支出数额大，而且还因为，财政补贴是我国目前的经济体制运转不可或缺的润滑剂。我国经济正在向市场经济转型，新旧体制的摩擦很大，许多利益矛盾冲突剧烈，而财政补贴的运用则对实现体制的平稳过渡发挥了重大作用。当然，补贴的过快增长，也给我国经济与财政带来了沉重的负担，产生了一些消极的影响。财政补贴是一种具有明显"二重性"特征的政策工具，在运用上，必须充分考虑到它的双重作用。

④预算

预算政策可以采用三种形态来实现调节作用，即赤字预算、盈余预算和平衡预算。赤字预算体现的是一种扩张性财政政策，盈余预算体现的是一种紧缩性财政政策，平衡预算体现的则是一种中性财政政策。预算政策主要通过年度预算的预先制定和在执行过程中的收支追加追减变动来实现其调节功能的，其调节功能主要体现在财政收支规模的收支差额上。预算通过对国民收入的集中性分配与再分配，不但可以调节民间可支配收入规模，而且可以决定政府的生产性投资和消费总额，还可以影响经济中的货币流通量，从而对整个社会的总供需平衡关系产生重大影响。

（三）财政政策的类型

1. 根据财政政策在调节国民经济总量方面的不同功能，财政政策分为扩张性政策、紧缩性政策和中性政策

扩张性财政政策是指通过财政分配活动来增加和刺激社会的总需求。在国民经济存在总需求不足时，通过扩张性财政政策使总需求与总供给的差额缩小以至平衡；如果总需求与总供给原来就是平衡的，扩张性财政政策就会使总需求超过总供给。

扩张性财政政策的载体主要有减税（降低税率）和增加财政支出规模。一般来说，减税可以增加民间的可支配收入，在财政支出规模不变的情况下，也可以扩大社会总需求。同时，减税的种类和方式不同，其扩张效应也不同。流转税的减税在增加需求的同时，对供给的刺激作用更大，所以，它的扩张效应主要表现在供给方面。所得税尤其是个人所得税的减税主要在于增加人们的可支配收入，它的扩张效应体现在需求方面。财政支出是社会总需求的直接构成因素，财政支出规模的扩大会直接增加总需求。在减税与增加支出并举的情况下，扩张性财政政策一般会导致财政赤字，从这个意义上来讲，扩张性财政政策等同于赤字财政政策。

紧缩性财政政策是指通过财政分配活动来减少和抑制总需求。在国民经济已出现总需求过旺的情况下，通过紧缩性财政政策消除通货膨胀缺口，达到供求平衡；如果总供求原来就是平衡的，紧缩性财政政策会造成有效需求不足。

实现紧缩性财政政策的手段主要是增税（提高税率）和减少财政支出。增加税收可以减少民间的可支配收入，降低人们的消费需求；减少财政支出可以降低政府的消费需求和投资需求。所以，无论是增税还是减支，都具有减少和抑制社会总需求的效应。如果在一定经济状态下，增税与减支同时并举，财政盈余就有可能出现，在一定程度上讲，紧缩性财政政策等同于盈余财政政策。

中性财政政策是指财政的分配活动对社会总需求的影响保持中性。财政的收支活动既不会产生扩张效应，也不会产生紧缩效应。在一般情况下，这种政策要求财政收支保持平衡。但是，使预算收支平衡的政策并不等于中性财政政策。

2. 根据财政政策具有调节经济周期的作用来划分，可分为自动稳定的财政政策和相机抉择的财政政策

自动稳定的财政政策是指某些能够根据经济波动情况自动发生稳定作用的政策，它无须借助外力就可以直接产生调控效果。财政政策的这种内在的、自动产生的稳定效果，可以随着社会经济的发展，自行发挥调节作用，不需要政府采取任何干预行动。

财政政策的自动稳定性主要表现在两个方面。第一，税收的自动稳定性。税收体系，特别是公司所得税和累进的个人所得税，对经济活动水平的变化反应相当敏感。如果当初政府预算是平衡的，税率没有变动，而经济活动出现不景气，国民生产就要

减少，这时税收收入就会自动下降；如果政府预算支出保持不变，则由税收收入的减少而使预算赤字发生，这种赤字会"自动"产生一种力量，以阻止国民生产的继续下降。第二，政府支出的自动稳定性。经济学家们一致认为对个人的转移支付计划是普遍的自动稳定器。转移支付计划是为了在个人收入下降到非常低时，为维持他们的生活水平而向他们提供资金，如公共救济款及对有儿童家庭的援助等福利计划和失业救济金。如果国民经济出现衰退，就会有一大批人具备申请失业救济金的资格，政府必须对失业者支付津贴或救济金，以便他们能够进行必要的开支，使国民经济中的总需求不致下降过多；同样，如果经济繁荣来临，失业者可重新获得工作机会，在总需求接近充分就业水平时，政府就可以停止这种救济性的支出，使总需求不至于过旺。

相机抉择的财政政策意味着某些财政政策本身没有自动稳定的作用，需要借助外力才能对经济产生调节作用。一般来说，这种政策是指政府根据当时的经济形势，采用不同的财政措施，以消除通货膨胀缺口或通货紧缩缺口，其是政府利用国家财力有意识干预经济运行的行为。

二、财政政策的传导效应

（一）财政政策的传导机制

1.财政政策的传导机制概述

在社会主义市场经济条件下，财政政策的实施存在着如何从政策工具变到政策目标变量的转变过程，这一过程需要特定的传导媒介使政策系统与经济环境进行信息交流，并通过传导媒介的作用，把政策工具变量最终转化为政策目标变量（即实现期望值）。财政政策传导机制的分析就是在回答这一问题。

简单地说，财政政策传导机制就是财政政策在发挥作用的过程中，各政策工具通过某种媒介相互作用形成的一个有机联系的整体。财政政策发挥作用的过程，实际上就是财政政策工具变量经由某种媒介的传导转变为政策目标变量（期望值）的复杂过程。

2.财政政策传导机制的媒介

财政政策主要通过哪些媒介将财政政策工具的作用传导出去？最为重要的媒介是收入分配、货币供应与价格。财政政策工具变量的改变主要通过引起上述媒介中间变量的改变来达到预期目标。这样，政策能否达到预期目标，在很大程度上就与传导机制的作用联系在了一起。如果不注重对政策传导机制的研究，就无法回答财政政策在贯彻执行中的种种效应偏差，更无法解释财政政策体系的整个作用机理。

首先，来分析政策工具变量调整是如何通过收入分配来传导的，它们之间如何协调。收入分配的范围很广，只选择对整个 GDP 分配影响最大的个人收入和企业利润收入分配进行分析。

政策工具变量的调整，对个人收入分配的影响，主要体现在改变货币收入者实得的货币收入或使货币收入者的实际购买力发生变化。对于前者，主要是通过对居民个人征税，使其税后收入减少或通过某种形式的补贴使居民个人的实得收入增加；对于后者，主要是通过货币的升值或贬值来进行调节的。居民个人收入的变化影响其储蓄与消费的行为，并影响劳动者的生产积极性，在一定的程度上还可能导致劳动者在工作与闲暇中重新做出选择。例如，开征消费税直接影响消费支出，开征利息税则可能影响储蓄行为。再如开征个人所得税，当累进税率达到一定高度时，就可能使一部分人在工作与闲暇中重新选择，产生减少工作（或有效工作）时间增加闲暇时间的替代问题。这样，就会对总产出产生一定影响。

政策工具变量调整对企业利润分配的影响，则主要体现在企业税后利润的分配上。体制调整后，企业，尤其是国有企业自主权扩大，利润成为企业追求的主要目标，税后利润的多少，直接影响企业的经营活动。企业税后利润的变化，影响企业的生产行为，尤其是企业的投资行为。对国有企业来说，国家与企业的利润分配关系不稳定，缺乏必要的规范性措施，往往是导致企业行为短期化的重要诱因，片面追求短期利益会影响企业的长期发展，带来诸如盲目生产、重复建设等一系列问题。

其次，再分析政策工具变量调整是如何影响货币供应的。撇开财政政策对货币流通速度与货币存量结构变化的影响不谈，集中分析我国财政赤字与货币供应的关系，就会发现，我国的财政赤字具有货币扩张效应。理由是①我国过去的赤字口径是把公债计入收入后总收入与总支出的差额，这种类型的赤字又叫"硬赤字"。硬赤字的弥补，只能通过向银行透支或借款解决；②如果中央银行能压缩专业银行的贷款规模，在提供财政借款时，不打破年度信贷总规模，财政性货币发行就不会发生，而事实上这是做不到的。因为，其一，赤字数额只有在年终结算时，才能最终知道，而库款的支拨在预算执行中就已拨出，当赤字发生时，增加的货币就已进入流通领域。其二，新的预算年度能否通过压缩信贷规模促使货币回笼，在一般情况下难以做到。要想在原有的信贷规模基础上压缩各专业银行的信贷规模，困难重重，强制压缩可能就会引起一系列调整，企业方面也会抵制。

最后，价格为什么也是财政政策传导的重要媒介。在我国，许多财政政策工具的作用是通过价格作用体现出来的，或者是与价格相互作用共同发挥调节作用的。长期以来，我国产业部门间的利润率，存在着巨大差异，这种差异，是导致产业结构不合理的一个重要原因。调整产业结构从某种意义上来讲就是调整利益结构，部门与行业间的利润率的差别，除了受成本变动等因素影响，主要还与价格政策有关。例如，基础工业产品与加工工业产品的盈利差别，主要与基础工业产品的定价偏低、加工工业产品的定价偏高有关。价格不合理往往是制约基础工业发展的最关键的因素。调整价格，逐步放开价格，是经济体制改革面临的主要问题。然而在向市场经济转变中，政府对价格的适度控制仍然是必要的。当然这种控制不单是采用行政手段，如管制物价等，而且还应采取经济手段，适度地调控物价。在这方面如税收、补贴等财政政策工具就可以发挥重要的作用。

（二）财政政策效应

财政政策效应即财政政策作用的结果，政策是否有效主要看政策执行的结果如何。一般来说，政策实施能达到预期的目标即为有效；反之，则无效。但要做出政策是高效还是低效的判断，则不仅要看政策执行的结果，还要分析为达到目标而付出的代价。为此，有必要首先讨论政策效应的评价问题。

1. 评价财政政策效应的优劣

对某项财政政策效应的优与劣做出客观评价，是政策研究中一个十分重要的问题，它可以为决策者的科学决策提供依据。然而，对某项财政政策的效应做准确的评价又是一项十分困难的工作。因为，财政政策作用的结果有积极的一面，也有消极的一面，尽管政策的制定者在寻求最佳的政策效应，努力减轻或消除消极效应的影响，但是客观经济运行过程的复杂性，使政府的预期还是与实际很难完全相符。

政府为推行某项政策所付出的研究费用、执行费用和补偿费用构成该项政策的"成本"，而某项政策实施所产生的积极作用则可视为该项政策的"效益"。这样，对政策有效性评价可以通过政策成本与政策效益的对比分析来进行。即当政策效益大于政策成本时，政策的有效性程度高，反之则低。

政策效益实际上也是政策目标值的实现。一般来说，政策目标值是根据客观经济运行需要规定的，实现政策目标值，财政政策就会产生积极的作用。政策研究费用与执行费用可以用货币单位直接计算，困难在于，对某项政策实施所产生的消极影响难以完全用货币计量，实施某项政策而需给受损者的必要补偿费用或由此带来的社会效益损失难以准确度量。比如，政府为平衡预算，实施一项增加税收的政策。当个人所得税增加时，减少了个人收入，可能使一部分人的劳动生产积极性受到影响；当企业所得税增加时，减少了企业的税后利润，也可能降低部分企业的投资热情。对一个社会来说，这种损失究竟有多大是难以准确估算的，因此，政策效应评价的关键是在政策效益既定的前提下，确定政策成本最低者为优。

2. 财政政策效应的偏差

（1）财政政策效应偏差的含义和类型

政策效应偏差是指政策在实施过程中实际效应与预期效应发生了背离。

政策效应偏差是一个复杂的政策现象，对这一政策现象作具体分析，大致可以把政策效应偏差归为两大类。一类偏差是政策实施过程中必然发生的偏差，另一类偏差则是政策实施过程中人为因素造成的偏差。把前者称为自然偏差现象，后者称为人为偏差现象。

（2）财政政策效应偏差与财政政策实施过程的关系及其原因分析

任何一项财政政策的实施总有一个时间过程，这一过程大致可以分为四个阶段：政策出台阶段、政策完善阶段、政策成熟阶段、政策蜕化阶段。显然，在这些不同的阶段，财政政策的实际效果是不同的。通常，在政策出台阶段和政策蜕化阶段，政策效果差一些。而在政策完善阶段和政策成熟阶段，政策效果好一些。这样，在财政政策实施过程中就会出现阶段性的政策效应偏差。

这种政策效应的自然偏差现象，可能由下列因素引起。新出台的政策本身尚不完善，旧政策的历史惯性的干扰，人们对新政策还没有足够的认识与理解，新政策的作用机制尚未有效运转，与其他经济政策还没有取得协调或者经济形势发生了新的变化等。此外，任何一项财政政策都存在着适应性问题，一项全国性的财政政策的制定，所依据的是一定时期全国经济稳定与发展的总体状态，它所要解决的是带有共性的问题，因而，国家在制定财政政策时主要是提出解决经济稳定与发展的一般措施和目标，它只是与带有普遍意义的政策问题相对应。同样，政策制定者对政策效应的考虑，也只着眼于一般影响、一般后果。然而，由于区域发展的不平衡，从全局范围内所认定的政策问题，在局部地区并不一定都存在，或者程度有差别，即使是同一政策问题，从全局或局部来看也有许多不同的形成原因。因此，一项带有全局性的财政政策在其实施过程中，会形成政策实际效果的地区差别。

以上关于财政政策效应自然偏差的论述实际上暗含着三个前提条件。政策设计基本正确、政策工具运用与搭配得当和政策执行主体行为端正。在这些条件的严格限定下，政策效应的偏差完全与人为因素无关。而事实上，无论是政策目标的选择，还是政策工具的运用或传导机制的设计，终归是人的因素在起作用。当人的主观意志与客观实际发生背离时，政策的效应会发生偏差。人为因素造成的政策效应偏差，最常见的表现是政策设计脱离实际，政策期望值过高，客观上难以实现；政策工具缺乏或选择不当，搭配有误，使政策缺乏可操作性；政策主体行为偏差，使政策贯彻受阻。

在现实中，财政政策效应的自然偏差与人为偏差往往是交叉在一起的。这就要进行仔细研究和分析，针对不同类型的政策效应偏差，采取截然不同的措施。

第四节　财政与货币

一、货币政策概述

（一）货币政策的概念

货币政策是指国家为实现一定的宏观经济目标所制定的货币供应和货币流通组织管理的基本准则。货币政策的内容包括稳定货币的目标和实现这些目标的政策手段。它是由信贷政策、利率政策、汇率政策等具体政策构成的一个有机的政策体系。

（二）货币政策在市场经济运行中的作用

市场经济中的货币信用活动，直接介入社会经济生活的各个领域。在计划经济体制下，货币政策从属于财政政策，独立的作用很小。社会主义市场经济体制的确立和逐步完善，使银行的从属地位改变，在国民经济运行中的作用日益增强。因此，组织和调节好货币供应和货币流通，正确运用货币政策手段，关系到经济的协调发展和社会生活的稳定。

（三）货币政策的目标

我国货币政策的基本目标是稳定货币，并以此促进经济的发展。稳定货币与经济发展是互为条件、相辅相成的。币值稳定是经济健康发展的前提条件，而经济发展又是稳定货币的坚实基础。稳定货币是指把货币供应量控制在客观需要量允许的空间内的动态均衡。稳定货币与发展经济之间也存在着矛盾的一面。例如，要发展经济，需要适度投放货币加以推动，如果投放不及时，就会因为货币资金流转供应不足，制约经济的增长；一旦货币投放过度，就会引发通货膨胀。所以，及时适当地计算并调整货币供应量，是稳定币值的重要环节。只有货币的稳定，才能使人民币为广大人民群众所信任，为全世界所信任，为国外投资者所信任，才能推进改革开放政策总目标的实现。

（四）货币政策工具

货币政策目标的实现是通过货币政策工具的运用发挥作用的。在西方市场经济国家中，一般把法定准备率、再贴现率和公开市场业务作为国家控制货币供应量的三大货币政策工具，俗称"三大法宝"。目前，我国中央银行的货币政策工具主要是①中央银行对各商业银行（专业银行）的贷款。②存款准备金制度。即各专业银行要将吸收的存款按一定的比例存入中央银行。③利率。中央银行根据资金松紧情况确定调高或调低利率。④公开市场操作。

我国社会主义市场经济体制在逐步推进和完善，金融体制改革的各项政策和措施在陆续出台，应该积极借鉴市场经济国家利用货币政策工具调控宏观经济发展的一些成功做法，根据我国的宏观经济形势，灵活地、有选择地运用政策工具，调控货币供应量。

（五）货币政策的基本类型

一般从总量调节出发，同财政政策的分类相似，货币政策类型分为三种。

1. 扩张性货币政策

一般也叫膨胀性货币政策。它是指货币供应量超过经济运行过程对货币的实际需要量，对总需求增长有刺激性作用的货币政策。

2. 紧缩性货币政策

紧缩性货币政策是指货币供应量小于货币的实际需要量，对总需求增长有抑制作用的货币政策。

3. 中性货币政策

中性货币政策是指货币供应量大体等于货币需要量，对社会总需求与总供给的对比状况基本不产生影响的货币政策。

二、财政政策与货币政策的不同特点

财政政策与货币政策是国家实施宏观调控的两大经济政策，是国家经济政策体系中的两大支柱，它们都能对社会总需求和总供给进行调节，都服务共同的宏观调控的主要目标，即实现国民经济的持续稳定发展。这表明了两种政策具有同一性。但两者又都通过各自传导机制及政策工具来调节供需平衡，进而在影响经济运行上，发挥着不同的功能和作用，这又表现了两种政策的差异性。如果强调用一种政策代替另一种政策，简单强化一种政策而忽视另一种政策；或者如果主张财政政策与货币政策各行其是，就会失去政策间的互补作用，难以发挥协调、制约的整体功能，甚至出现碰撞与摩擦，彼此抵消力量，减弱宏观调控的效应。政府虽然应当改变计划经济时代银行过于依附于财政的状况，但也不能把降低财政职能，削弱财政政策改革的要求。认为市场经济体制宏观调控主要靠货币政策实现的看法是片面的。在社会主义市场经济中，货币资金运动是整个经济活动的血液，财政调节涉及社会经济的各个领域。因此，这客观地决定了只有财政政策与货币政策的密切配合，才能更好地实现宏观调控的目标。

财政政策与货币政策有着不可替代的作用，可从以下四方面来分析。

（一）两者的作用机制不同

财政是国家集中一部分 GDP 用于满足社会公共需要，因而在国民收入的分配中，财政居于主导地位。财政直接参与国民收入的分配，并对集中起来的国民收入在全社会范围内进行再分配。因此，财政可以从收入和支出两个方向上影响社会需求的形成的。当财政收入占 GDP 的比重大体确定，财政收支的规模大体确定的情况下，企业、单位和个人的消费需求和投资需求也就大体确定了。比如，国家对个人征税，也就相应减少了个人的消费需求与投资需求；对企业征税或国家对企业的拨款，也就减少或增加了企业的投资需求。银行是国家再分配货币资金的主要渠道，这种对货币资金的再分配，除了收取利息，并不直接参加 GDP 的分配，而只是在国民收入分配和财政再分配基础上的一种再分配。信贷资金是以有偿方式集中和使用的，主要是在资金盈余部门和资金短缺部门之间进行余缺的调剂，这就决定了信贷主要是通过信贷规模的伸缩影响消费需求与投资需求的形成的。至于信贷收入（资金来源）虽然对消费需求与投资需求的形成有影响，但这种影响一定要通过信贷支出才能产生。比如，当社会消费需求与投资需求过旺时，银行采取各种措施多吸收企业、单位和个人的存款，这看起来是有利于紧缩需求的，但如果贷款的规模不做相应的压缩，就不可能起到紧缩需求的效果。

（二）两者在膨胀和紧缩需求方面的作用不同

在经济生活中，有时会出现需求不足、供给过剩，有时又会出现需求过旺、供给短缺。这种需求与供给失衡的原因很复杂，但从宏观经济来看，这主要是由财政与信贷分配引起的，而财政与信贷在膨胀和紧缩需求方面的作用又是有别的。财政赤字可以扩张需求，财政盈余可以紧缩需求，但财政本身并不具有直接创造需求即"创造"货币的能力，唯一能创造需求、创造货币的是银行信贷，因此，财政的扩张和紧缩效应一定要通过信贷机制的传导才能发生。如财政发生赤字或盈余时，如果银行相应压缩或扩大信贷规模，完全就可以抵消财政的扩张或紧缩效应。只有财政发生赤字或盈余，银行也同时扩大或收缩信贷规模时财政的扩张或紧缩效应才能真正发生。问题不仅在此，银行自身还可以直接通过信贷规模的扩张和收缩来起到扩张和紧缩需求的作用。从这个意义上来说，银行信贷是扩张或紧缩需求的总闸门。

（三）二者调节领域的侧重点不同

财政政策的调节领域主要在国民收入的分配与再分配过程，它是侧重于对结构的调节来发挥作用的。例如，财政支出结构的调整直接引起社会需求结构的变化。货币政策的调节对象主要是货币流通领域，货币政策工具的运用，基本上是以对货币量或者货币流通规模的调节为中介目标的，诸如存款准备金的调节等就是如此。因此，货币政策调节的侧重点在于总量。

（四）二者产生效应的时滞长度不同

财政政策和货币政策从产生到实施，都存在着时滞问题。这是因为，政策的制定是有针对性的，从发现经济中的问题，到采取政策行动，并最终对经济运行产生影响，需要一段或长或短的传导时间。时滞按其过程可分为内部时滞和外部时滞，由于财政政策与货币政策的制定程序和传导途径不同，具体时滞的长度也不尽相同。一般来说，财政政策的内部时滞较货币政策长，因为财政收支的重大变动都必须经同级立法机构批准才能执行。这样，从打算采取政策行动到明确政策措施之间的过程，往往相对比较长；而货币政策的决定无须经过像财政政策那样的法律程序，内部时滞也就相对较短。但是，财政政策的外部时滞却较货币政策为短。财政政策一旦付诸实施，对总需求的调节作用就立竿见影，反应较快；而货币政策的传导层次较多，时滞较长。

由于财政与银行在消费需求与投资需求形成中有不同的作用，这就要求财政政策与货币政策必须配合运用。如果财政政策与货币政策各行其是，就必然会产生碰撞与摩擦，彼此抵消力量，从而减弱宏观调控的效应和力度，也难以实现预期的调控目标。

三、不同的政策组合

财政政策与货币政策的配合运用也就是膨胀性、紧缩性和中性三种类型政策的不同组合。现在从松紧搭配出发来分析财政政策与货币政策的不同组合效应。

（一）松的财政政策和松的货币政策，即"双松"政策

松的财政政策是指通过减少税收和扩大政府支出规模来增加社会的总需求。松的货币政策是指通过降低法定准备金率、降低利息率而扩大信贷支出的规模，增加货币的供给。显然，"双松"政策的结果，必然使社会的总需求扩大。在社会总需求严重不足，生产能力和生产资源未得到充分利用的情况下，利用这种政策配合，虽然可以刺激经济的增长，扩大就业，但会带来通货膨胀的风险。

（二）紧的财政政策与紧的货币政策，即"双紧"政策

紧的财政政策是指通过增加税收、削减政府支出规模等来限制消费与投资，抑制社会的总需求；紧的货币政策是指通过提高法定准备金率、提高利率来压缩支出的规模，减少货币的供给。这种政策组合虽然可以有效地制止需求膨胀与通货膨胀，但可能会带来经济停滞的后果。

（三）紧的财政政策和松的货币政策

紧的财政政策可以抑制社会总需求，防止经济过旺和制止通货膨胀；松的货币政策在于保持经济的适度增长。因此，这种政策组合的效应就是在控制通货膨胀的同时，保持适度的经济增长。但货币政策过松，将难以制止通货膨胀。

（四）松的财政政策和紧的货币政策

松的财政政策在于刺激需求，对克服经济萧条较为有效；紧的货币政策可以避免

过高的通货膨胀率。因此，这种政策组合的效应是在保持经济适度增长的同时尽可能地避免通货膨胀。但如果长期运用这种政策组合，就会积累起大量的财政赤字。

从以上几种政策组合可以看到，所谓松与紧，实际上是财政与信贷在资金供应上的松与紧，也就是银根的松与紧。凡是使银根松动的措施，如减税、增加财政支出、降低准备金率与利息率、扩大信贷支出等，都属于"松"的政策措施；凡是抽紧银根的措施，如增税、减少财政支出、提高准备金率与利息率、压缩信贷支出等，都属于"紧"的政策措施。至于到底采取哪一种搭配政策，则取决于宏观经济的运行状况及其所要达到的政策目标。一般来说，如果社会总需求明显小于总供给，就应采取松的政策措施，以扩大社会的总需求；而如果社会总需求明显大于总供给，就应采取紧的政策措施，以抑制社会总需求的增长。

以上分析主要还是把财政政策与货币政策的调节效应放在对社会总需求的影响上，实际上，不管是松的政策措施还是紧的政策措施，在调节需求的同时也在调节供给。同样的道理，在社会总需求大于总供给的情况下，既可用紧的政策措施来抑制需求的增长，也可用松的政策措施来促进供给的增长，因此，紧的政策措施和松的政策措施并不是相互排斥的，而是相互补充的。如果从结构方面来看，问题就更清楚了。在总需求与总供给基本平衡的情况下，会有一些部门的产品供大于求，另一些部门的产品供小于求；在总需求与总供给不平衡的情况下，同样也会出现有的部门的产品供大于求，有的部门的产品供小于求。这样单纯地采取紧的或松的政策调节，都不可能使部门之间保持平衡，因此，还要从结构失衡的具体情况出发，采取或紧或松的政策措施加以调节。由此可见，当运用财政政策与货币政策来实现宏观经济的调控目标时，不仅不能只看到需求的一面，还要兼顾供给的一面。当然也要看到，采取紧的政策措施在压缩需求方面可以迅速奏效，而采取松的政策措施在增加供给方面往往，只有经历一个过程才能见效。

第十章 财政与税收的管理体制

第一节 财政管理体制

一、财政管理体制的内涵

（一）财政管理体制的概念

财政管理体制是国家财政管理的一项根本制度，它规定中央同地方与地方上下级政权之间、国家与企事业单位之间在财政管理方面的职责、权限以及资金的划分。财政管理体制有广义和狭义之分。广义的财政管理体制包括国家预算管理体制、国家税收管理体制、国有资产管理体制、公共部门财务管理体制等。其中，国家预算管理体制是财政管理体制的主导环节。狭义的财政管理体制通常是指国家预算管理体制。

财政管理体制的实质是正确处理中央与地方各级地方政府之间，以及国家与企事业单位之间在财政管理权限和财力划分方面的集权和分权的关系。在我国，中央和地方、地方各级政府之间、国家与企事业单位之间的根本利益是一致的，但中央、地方、企事业单位所处地位不同，所承担的政治经济任务及各项职能不同，这就必然会产生中央利益与地方利益的矛盾、全局利益和局部利益之间的矛盾，这些矛盾实际上是反映了集权和分权的矛盾。财政收支同各地方、各单位的财力紧密相连，因此，这些矛盾就集中反映在财政管理体制上。在处理集权和分权的关系时，既不是集中得越多越好，也不是分散得越多越好，集中和分散的程度要根据不同时期国家政治经济形势和任务而定。

财政管理体制是国民经济管理体制的重要组成部分。在整个国民经济管理体制中，财政管理体制属于上层建筑，其确立直接决定于财政分配关系并反映着经济基础的特定要求。建立财政管理体制的根本任务，就是在一国既定的政治、经济、行政体制架构下，处理好政府间财政关系，对国家财权财力的划分和一切收支活动进行界定和规范，确保各级政府职能的有效履行和国家的长治久安。

（二）财政管理体制的特征

1.财力和事权相统一

实现财力和事权相统一，需处理好以下几个问题。合理配置政府财政收入、支出权限，使其与各级政府所需履行职能相适应；按照合理顺序进行财政分权。根据事权决定财政支出责任，然后再确定财政收入权限；财权和事权一致是相对的，不是绝对的。财权和事权是依据不同规则、按照不同的方法进行划分的，因此，财权和事权完全一致只能是极其偶然的，不完全一致才是常态。特别是在一个经济发展不平衡、地区间支出成本差异较大的大国经济中，实现各级政府的财权和支出责任完全匹配几乎是不可能的。对于存在财力缺口的政府，上一级政府有义务给予必要的转移支付补助，以确保其行使法定职责所需要的财力。只有通过转移支付实现财力和事权相统一才是正确而理性的选择。

2.法治性和稳定性相统一

财政管理体制要求以法律来作为保障，因而表现出典型的法治性。世界各国在对各级政府进行责任、权限及利益规范时，都要采用立法的形式。通过制定一系列的法律、法规及规章制度，对中央及地方各级政府之间的财政关系进行规范。包括各级政府是否有各自的税收立法权，是否有税收减免权和调整权，以及上级政府如何对下级政府进行政府间转移支付等。财政管理体制的法治性越强，其越规范越健全，也越能起到应有的作用。同时，财政管理体制也会影响整个国家和各个地方的经济发展，其还需具有稳定性的特征。财政管理体制的稳定性可以有利于国家和各地方政府在法律明确规范的责权利范围内安排各自的财力，实施本地区经济及社会发展规划。如果财政管理体制变动频繁，丧失了基本的稳定性，就会导致国家与地方各级政府之间对自身责权利范围难以适从，难以对本地区经济和社会事业发展做出长期稳定性安排，进而影响整个国家和各地区各项事业的发展。因此，除非在内外部因素发生了重大变化，一般不宜对财政管理体制做频繁调整和变动。

二、财政管理体制建立的原则

为了正确处理中央和地方之间的集权和分权的关系，必须按下列原则建立财政管理体制。

（一）统一领导，分级管理

统一领导、分级管理原则的确立是由我国政治体制和经济体制所决定的。我国在政治体制上实行民主集中制，在经济体制上实行社会主义市场经济体制。这就要求我国在正确处理事权和财权的关系、合理使用国家财力、保证国民经济稳步发展、发挥中央的宏观调控作用等方面，加强中央的统一领导。同时，由于我国各地区经济和自然条件相差悬殊、情况各异，地方的各种事务不可能全由中央直接管理，因此，就要求在中央的统一领导下，实行分级管理。

统一领导是指财政管理的大政方针由中央统一制定，全局性财政法规由中央统一制定和颁布，财政体制变革的重大举措由中央统一部署。分级管理是指在中央政府统一政策的前提下，各级地方政府均有相对独立的一级财政，具有管理本级财政、制定和颁布地方性财政法规、安排和调剂使用本级资金的权力。

统一领导、分级管理原则既有利于强化中央政府在财政管理体系中的主导地位，加强中央政府对财政管理的宏观调控能力，发挥中央政府的积极性，又有利于发挥地方政府因地制宜地管理本级财政的积极性。同时，这一原则既适应我国政治权力相对集中的要求，又与经济权力相对分散的要求相适应，因此，它也成为社会主义市场经济体制下建立财政管理体制的重要原则。

（二）财权与事权相统一

财政管理体制是以政府之间财力和财权划分为核心的制度，而财力和财权划分的目的是使各级政权都有保障自身职能实现的物质基础。因此，财力和财权划分必须以各级政府所承担的管理事权为依据，体现财权与事权相统一的原则要求，从而使各级政府有稳定的收入来源来保证其实现职能的财力和财权需要。

财权与事权相统一，关键是要处理好财权与事权的关系。首先要明确市场经济中政府职能边界，在此前提下，确定中央和地方各级政府在社会管理和经济管理方面、在为全国或本地区提供公共产品方面的责任和权力，以此为基础来划分中央和地方各级政府的财力和财权。只有这样，才能处理政府间的财政关系，使各级政府职能得以顺利实现。

三、财政管理体制的内容

财政管理体制的内容主要包括确定财政管理体制主体和级次、划分各级财政收支范围、确定地方的机动财力、财政管理权限的划分等。

（一）确定财政管理主体和级次

在财政管理主体和级次的确定方面，核心问题是各级财政主体的独立自主程度，即地方财政预算是否构成一级独立的预算主体。一般来说，有一级政权，就有一级财政。我国的行政管理体制分为中央政权和地方政权，所以，财政管理体制也分为中央财政和地方财政，在中央财政统一领导下，实行中央财政和地方财政分级管理。地方财政，目前一般又分为省（自治区、直辖市）财政，市县（自治州、市、自治县）财政，乡镇（民族乡、镇）财政。

（二）划分各级财政收支的范围

各级财政收支的划分是指在中央财政和地方财政之间确定收入和支出的范围，正确划分财政收支，确定哪些财政收支项目为中央负责，哪些收支划为预算内，哪些收支划为预算外，这关系到正确处理中央和地方的分配关系，也关系到调动中央与地方两个积极性的重要问题。根据多年的财政实践，我国已初步形成了一套划分财政收支的基本原则。

1. 财权与事权相统一的原则

根据各级政府所管辖的事务的多少确定其财权的大小。管理的事务多，相应地要求有强大的财力与之相适应；管理的事务少，由其支配的财力也应该小。事权与财权的关系是正比关系。

2. 统筹兼顾的原则

这要求在收支的划分上必须从我国是一个统一的多民族国家的国情出发，全面安排，保证重点，兼顾一般。我国多年的财政实践证明，国家集中过多，统得过死，会影响地方积极性的发挥，影响地方经济建设的发展；相反，国家财政资金过于分散，就不能保证国家重点建设和中央各职能部门对资金的需要，又会削弱中央宏观调控能力，从而影响全国经济发展。因此，客观上要求财政收支的划分必须首先保证中央财政的主导地位，同时照顾地方经济利益，使地方财政有一个稳定的收入来源。

3. 权、责、利相结合的原则

为调动地方增加财政收入和节约财政支出的积极性，保证财政收支任务的完成，在财政管理体制设计上，要把地方财政收支与地方自身利益紧密联系起来，使地方既有职责，也有权和利。一般来说，在保证中央财政占主导地位的前提下，要明确划分中央财政收支和地方财政收支的来源和范围，地方财政要自求平衡，多收可以多支，少收就要少支，以便鼓励地方发展经济，培养财源，增加收入，节约支出。

第二节　国家预算与税收管理

一、国家预算管理体制

（一）国家预算概述

1. 国家预算的概念

国家预算是国家财政的收支计划，它是以收支平衡表的形式表现的、具有法律地位的文件，是国家财政实现计划管理的工具。国家预算的功能，首先是反映政府的财政收支状况。全面准确地理解国家预算的内涵，必须要明确以下方面。从形式上看，国家预算就是按一定标准将财政收入和支出分门别类地列入特定的计划账目表，可以使人们清楚地了解政府的财政活动；从实际经济内容来看，国家预算的编制是政府对财政收支的计划安排，预算的执行是财政收支的筹措和使用过程，国家决算则是国家预算执行的总结。由于国家预算要经过国家权力机关的审批才能生效，因此其又是国家的重要立法文件，体现了国家权力机构和全体公民对政府活动的制约和监督。

2. 国家预算的原则

国家预算的原则是指国家确定预算形式和编制预算的指导思想和准则，也就是政府制定财政收支计划的方针。国家预算的原则是伴随着国家预算制度的产生、发展而产生和发展变化的。在不同的历史时期和不同国家，预算的原则也各不相同。目前，为世界大多数国家所普遍接受的原则主要包括以下内容。

（1）公开性原则

因为国家预算反映政府的活动范围、方向和政策，与全体人民的切身利益息息相关，所以国家预算及其执行情况必须采取一定的方式公之于众，并置于人民的监督之下。

（2）可靠性原则

每一收支项目的数字指标必须运用科学的方法，依据充分确实的资料并总结出规律性，进行正确计算而得出。不得假定、估算，更不能任意编造。

（3）完整性原则

列入国家预算的一切财政收支都要反映在预算中，不得造假账、预算外另列预算。国家允许的预算外收支，也应该在预算中有所反映。

（4）统一性原则

虽然一级政府有一级预算，但各级预算都是国家预算的组成部分，即所有地方预算连同中央预算共同构成统一的国家预算。这就要求设立统一的预算科目，每个科目都要按照统一的口径、程序计算和填列。

（5）年度性原则

预算的年度性是指政府必须按照法定预算年度编制国家预算，预算要反映全年的财政收支活动，同时，不允许将不属于本年度财政收支的内容列入本年度的国家预算之中。任何一个国家预算的编制和实现，都要有时间上的界定，即所谓预算年度。

（6）法律原则

国家编制的预算一旦经过国家最高权力机关批准之后，就具有法律效力，必须贯彻执行。

应当指出，上述预算原则是就一般意义而言的，不是绝对的。预算原则的确立，不仅要以预算本身的属性为依据，而且要与本国的经济实践相结合，要充分体现国家的政治、经济政策。一个国家的预算原则一般是通过制定国家预算法来体现的。

（二）国家预算的分类

因为国家预算收支反映着政府活动的方向和范围，所以随着社经济生活和财政活动的逐步复杂化，各国预算也由最初简单的政府收支一览表，逐步发展为包括多种预算结构和形式的复杂系统。

1.按编制形式分类，国家预算分为单式预算和复式预算

（1）单式预算

单式预算是将国家一切财政收入和支出汇编在一个预算内，形成一个收支项目安排对照表，而不区分各项收支性质的预算组织形式。单式预算形式简单清晰，有利于反映预算的整体性、统一性，可以明确体现政府财政收支规模和基本结构，既便于控制和监督政府各部门的活动，又对预算是否平衡有个明确的显示。由于传统型政府收支规模较小，收支结构较为简单，国家基本上不干预经济的运行，单式预算既能满足政府预算管理的需要，也便于立法机构审议和公众监督。因此，在预算产生后一个相当长的时期内，各国政府预算主要实行的是单式预算。单式预算既不能反映各项预算收支的性质，如资本性支出与消耗性支出的区别；也不能反映支出的效率，不便于进行年度间和部门间的比较。随着政府财政收支规模扩大，收支结构日益复杂，单式预算已不能适应现代国家财政的要求。

（2）复式预算

复式预算是按收入来源和支出性质的不同，将预算年度内的全都财政收支编入两个或两个以上的收支对照表，以特定的收入来源保证特定的预算支出，并使两者具有相对稳定的对应关系。

复式预算一般是将政府预算分为经常性预算和资本预算或投资预算、建设性预算。经常性预算主要反映政府的日常性收支计划，收入以税收为主要来源，支出主要用于国防、外交、行政管理等；资本预算反映了政府在干预经济过程中的投资等活动，这部分支出可形成一定量的资本，在较长时间内为社会提供公共物品和公共服务。复式预算能明确揭示财政收支的实际分类状况，体现了不同预算收支的性质和特点，政府通过编制两个或两个以上的预算，分别进行管理，有利于提高预算编制的质量，加强对预算资金的监督与管理，满足不同类型的社会公共需要。由于全部政府收支编入两个或两个以上的预算，在反映政府预算的整体性、统一性方面复式预算不如单式预算，有些收支在不同预算之间划分不但有一定困难，而且不能完全反映政府预算赤字的真正原因。

2.按编制方法分类，国家预算分为基数预算和零基预算

（1）基数预算（增量预算）

基数预算是预算年度的财政收支计划指标的确定，是以上年财政收支执行数为基础，再根据新的年度国家经济发展情况加以调整后确定。基数预算采用基数加增长的

预算编制方法，虽然较为简单，但往往不能客观地反映各预算部门和单位的现实需求，各部门经费多少，不是取决于事业的发展，而是取决于原来的基数，造成财政资金在部门之间分配格局的固化，不利于经济结构和社会事业发展布局的调整。

（2）零基预算

零基预算是对新的预算年度财政收支计划指标的确定，不考虑以前年度的收支执行情况，而是以"零"为基础，结合经济发展情况及财力可能，从根本上重新评估各项收支的必要性及其所需金额的一种预算形式。零基预算虽然有利于优化支出结构、提高预算效率、控制预算规模，但要求编制单位具备科学的预测和评估方法以及统一的标准，且工作量较大。

3. 按预算项目能否直接反映其经济效果分为投入预算和绩效预算

（1）投入预算

投入预算是指只能反映投入项目的用途和支出金额，而不考虑其支出的经济效果的预算。因此，投入预算只能用来控制各项支出的用途和金额，无法对各项支出的经济效果进行经济分析和选择。

（2）绩效预算

绩效预算是指根据成本—效益比较的原则，决定支出项目是否必要及其金额大小的预算形式。绩效预算主要关注预算资源使用的"产出"和"成果"。"产出"是从产品和服务的供给数量角度描述公共职能，计算政府提供了多少公共产品和服务；"成果"是政府部门的工作对社会产生的实际影响。由以投入为导向的预算模式向以产出和成果为导向的预算模式的转变，是预算管理理念和实践上的革命，标志着预算管理从传统的考虑财务合规性问题，转移到更多地考虑经济效益和政策目标问题。

4. 按预算分级管理的要求分为中央预算和地方预算

（1）中央预算

中央预算即中央政府预算，是经法定程序批准的中央政府的年度财政收支计划，包括中央本级预算、中央对地方的税收返还和转移支付预算。

中央预算收入包括中央本级收入和地方向中央的上解收入，中央预算支出包括中央本级支出、中央对地方的税收返还和转移支付。

（2）地方预算

地方预算是经法定程序批准的地方各级政府的年度财政收支计划的统称，由各省、自治区、直辖市总预算组成。地方各级总预算由本级政府预算和汇总的下一级总预算组成，没有下一级预算的，即为本级预算。

地方各级政府预算收入包括地方本级收入、上级政府对本级政府的税收返还和转移支付、下级政府的上解收入，地方各级政府预算支出包括地方本级支出、对上级政府的上解支出、对下级政府的税收返还和转移支付。地方预算是保证地方政府职能实施的财力保证，在预算管理体系中处于基础性地位。

5.按预算作用的时间长短分为年度预算和中长期预算

（1）年度预算

年度预算是指预算有效期为一年的财政收支预算。

（2）中长期预算

中长期预算也被称为中长期财政计划。一般一年以上、十年以下的计划，称为中期计划；十年以上的计划，被称为长期计划。在市场经济条件下，经济周期性波动是客观存在的，而制定财政中长期计划，是在市场经济条件下政府进行反经济周期波动，从而调节经济的重要手段，是实现经济增长的重要工具。

6.按预算收支的平行状况分为平衡预算和差额预算

（1）平衡预算

平衡预算是预算收入等于预算支出的预算形式。

（2）差额预算

差额预算是指收支差额较大，并且这种差额被作为编制国家预算的一种政策加以执行的预算形式，差额预算按其收支对比的具体情况可以分为盈余预算和赤字预算两种。

由于国家预算作为政府的财政收支计划，其内容不但比较庞杂，而且通过国家预算要体现政府的政策意图。因此，世界各国或一个国家的不同发展时期，根据自己的需要及分析问题的不同角度，可以采用不同的预算形式和方法。

（三）国家预算的组成

国家预算的组成即国家预算的分级管理问题。一般来说，有一级政府就有一级财政收支活动的主体，也就有一级预算，以便各级政府在履行其职能时，有相应的财权财力做保证。因此，国家预算的组成与国家的政权结构和行政区域划分有着密切联系。目前，世界上大多数国家都实行多级预算。

构成我国国家预算的组成体系的依据是一级政府一级预算的原则。我国宪法规定，国家政权机构由全国人民代表大会、国务院、地方各级人民代表大会和地方各级人民政府组成。与此相适应并结合我国的行政区域划分，我国的国家预算由中央预算和地方预算组成，地方预算又由省、自治区、直辖市预算，设区的市、自治州预算，县、自治县、不设区的市和市辖区预算，乡、民族乡、镇预算组成，因此，我国的国家预算共分五级预算。

中央预算在国家预算中占主导地位，因为其承担了具有全国意义的经济建设和科学文化建设以及全部的国防和外交支出，同时，其还承担了在全国范围内进行财政宏观调控、调剂各地方余缺以及应付重大意外事件发生的支出需要。地方预算在国家预算中的地位也很重要，其是国家预算体系的基本组成部分，国家预算收入的主要部分要靠地方预算负责组织征收，地方的各项经济文化建设事业，特别是城市建设、建设事业，支援农业、发展教育等主要由地方预算拨付资金和进行管理。

二、国家税收管理体制的内容

国家税收管理体制是在中央和地方之间划分税收立法权和税收管理权的一种制度，是税收管理制度的重要组成部分，该制度根据国家不同时期政治经济形势的需要进行改革和完善。税收管理体制包括以下内容。

（一）税收立法权

税收立法权是国家最高权力机关依据法定程序赋予税收法律效力时所具有的权力。税收立法权包括税法制定权、审议权、表决权、批准权和公布权，其是由立法体制决定的。我国税收立法权分为以下几种情况。第一，经全国人民代表大会审议通过的税法；第二，经全国人民代表大会常务委员会原则通过，国务院发布的税收条例（草案）；第三，授权国务院制定和发布的税收条例（草案）；第四，授权财政部制定，经国务院批准或批转的税收试行规定。前两项的立法权由立法机构行使，第三项立法权由行政机关即立法机关授权行使，第四项立法权是行政机关行使制定行政法规的权力。

（二）税收管理权

税收管理权是一种执行税收法规的权限，它实质上是一种行政权力，属于政府及其职能部门的职权范围。税收管理权包括税种的开征与停征权、税法的解释权、税目增减与税率调整权、减免税的审批权等。

1. 税种的开征与停征权

税种的开征与停征权是指对已经制定税法的税种，何时将其税法付诸实施的权力；或对已经开征的税种，由于政治经济诸方面的原因，何时停止其税法执行的权力。

2. 税法的解释权

税法的解释权是指对已经制定并颁布的税收基本法规做出具体解释的权力。税收基本法规颁布后，为便于贯彻执行，一般还要发布实施细则对其进行解释和说明。税法的解释权一般集中在财政部或国家税务总局，地方税法的解释权也可由省、自治区、直辖市税务机关负责。

3. 税目的增减和税率的调整权

税目的增减和税率的调整权是指增加或减少征税项目的权力，以及对征税对象或征税项目的税收负担调高或调低的权力。虽然各种税的税法对其征税项目及其适用税率都有明确规定，但随着客观情况的变化，有时需要扩大征税范围，增加税目；有时则需要缩小征税范围，减少税目。

4. 减免税的审批权

减免税的审批权是指对纳税人少征或不征其应纳税款的权力。税收减免不但体现着国家的税收政策，而且直接影响着国家的财政收入和纳税人的税收负担，因此有必要在各级政府，特别是在中央和地方政府之间明确划分减免税的审批权，以保证征纳双方以及各级政府的利益不受侵犯。

第三节　国有资产管理

一、国有资产的概念与分类

（一）国有资产的概念

广义的国有资产指的是经济学意义上的资产，具体是指属于国家所有的一切财产，即政府以各种形式投资及其收益、拨款、接受赠予、基于国家行使权力取得，或者依据法律认定的各种类型的财产或财产权利。国有资产具体包括经营性资产、非经营性资产和资源性资产等。

狭义的国有资产是指国家作为出资者在企业依法拥有的资本及其权益，又被称为经营性国有资产。具体来说，经营性国有资产是指从事产品生产、流通、经营服务等领域，以盈利为主要目的，依法经营或使用，其产权属于国家所有的一切财产。经营性国有资产还可以表述为企业国有资产。但要注意，企业国有资产并不同于国有企业总资产。这是因为企业为了进行生产经营要以负债方式筹集资金，因而企业的全部资产既有投资人的，也有债权人的。由于只有国家投资及形成的权益才是国有资产，因此，企业国有资产主要是指国有资本，是企业资产负债表中的国家所有者权益部分。国有独资企业的国有资产是该企业的所有者权益（净资产），总资产是企业作为独立法人所拥有的资产，企业国有资产是企业总资产来源的一部分，股份制企业的国有资产是该企业所有者权益中的国家资本，而企业总资产则是各类出资人形成的全部企业法人财产。本节所述的国有资产局限于狭义的国有资产。

（二）国有资产的分类

国有资产的分类是指按一定的标准，对国有资产进行的科学的系统划分。对国有资产进行分类，是加强国有资产管理的重要内容，也是优化国有资产配置、正确发挥国有资产作用的必要前提。根据不同的标准，可以把国有资产分为不同的种类。

1. 按用途分类

国有资产按用途分类，可分为企业国有资产、行政事业单位国有资产和资源性国有资产三类。企业国有资产是国家直接投入企业用于生产经营活动的国有资产。企业国有资产具有运动性、增值性和经营方式多样性等特点，因此也被称为经营性国有资产。行政事业单位国有资产是指由国家行政事业单位所占有使用的、在法律上确认为国家所有，能够以货币计量的各种经济资源的总和。行政事业单位国有资产包括国家划拨的资产、按规定组织收入形成的资产、接受馈赠的资产和其他法律确认的国有资产。行政事业单位国有资产的特点是配置领域的非生产性、使用目的公益性、资产补偿和扩充的非直接性以及占有使用的无偿性。资源性国有资产，是指在自然界中存在的、所有权属于国家的自然资源。资源性国有资产具体包括矿藏、土地、河流、森林、草原、山岭、荒原、滩涂等。资源性国有资产是集经济性、垄断性、资产性、有价性于一身的国有资产。

2. 按资产性质分类

国有资产按资产性质分类，可分为经营性国有资产和非经营性国有资产。经营性国有资产是指以保值为基础、以增值为目的、直接投入生产经营过程中的国有资产。经营性国有资产具有增值性的特点，即通过对经营性国有资产的运用，创造出新的价值和剩余价值。经营性国有资产既包括企业占有使用的国有资产，也包括行政事业单位转作经营用途的国有资产，在实践中主要指投入企业的国有资产。非经营性国有资产是指不直接投入生产经营过程，由国家机关、军队、社会团体、文化教育、学校和科研机构等行政事业单位占有使用的国有资产。非经营性国有资产具有非增值性的特点，其主要是为国家履行行政管理职能和社会管理职能提供物质基础保证。

3. 按存在形态分类

国有资产按存在形态分类，可分为有形资产和无形资产。有形资产是指具有具体价值形态和实物形态的资产，如房屋、桥梁、铁路、机器设备以及各种自然资源等。无形资产是指不具有实物形态但具有经济价值的资产，如发明权、商标权、专利权、著作权、商誉等。

二、国有资产管理的含义与特点

（一）国有资产管理的含义

国有资产管理是指国家对国有资产的生产经营性活动进行的组织、协调、监督和控制等一系列活动的总称，包括对各类企业的国有资产的投入、存量经营、收益分配以及资产处置等运营全过程的管理。

（二）国有资产管理的特点

国有资产管理是国家发挥经济管理职能的重要内容，基本目的在于优化产业结构，使国有资产保值、增值，维护国有资产使用单位的合法权益，巩固和发展全民所有制经济的主导地位，从而最终推动社会主义市场经济和生产力的不断发展。国有资产管理具有以下五个特点。

1. 管理目标的二元性

国有资产管理目标的二元性体现在两个方面。一是维护国家作为出资人的所有者权益，实现国有资产的保值、增值，增加财政收入，减轻人们税收负担，这是直接目标。二是通过投资，促进资源的合理配置、优化产业结构、稳定社会经济增长、增进就业等，从而使国民经济健康、快速发展，这是间接目标。这两个目标相互联系、相互促进。为了实现这两个目标，在宏观上，要求国有资产的管理应当符合国家的产业政策，通过经营性国有资产的优化配置、投资收益的再分配和存量资产的流动重组，实现国有资产宏观经济效益的最大化，国家运用政策引导企业经营方向，并为企业盈利创造良好的外部环境。在微观上，要求国有资产的管理应当追求最大限度的利润，即通过所有权与经营权的分离，转变企业经营机制，获取最多的投资回报。

2. 产权管理的基础性

国家对国有资产的管理前提是国家对企业的资产享有所有权，即国有资产的管理主要是指国家以所有者的身份进行的管理，而不是以社会管理者的身份进行的管理。国家可以以社会管理者的身份对所有的企业进行管理，但这不是国有资产管理。由于国家是抽象的，因此，在真正的国有资产经营中，还需要有具体的能代表国家的所有权人、经营权人，实行所有权与经营权的分离，所有者与经营者依法行使各自的权利。所有者依据资产所有权，监督资产的经营者，主要通过经济杠杆调节控制经营者的行为；经营者依据法人财产权自主经营、自负盈亏，并对所有者负责。只有这样，国有资产才可能保值、增值。因此，在国有资产管理中，界定产权、明晰产权、明确权责就变成国有资产管理的基础性工作。

3. 管理范围的全面性

国有资产管理是对包括管理对象、管理过程、产权管理的全方位管理，这体现了其管理范围的全面性。管理对象的全面性，是指国有资产管理的对象全面，包括国有企业占有使用的经营性国有资产、非企业单位按企业化管理要求经营使用的国有资产以及其他非国有企业占有使用的国有资产；管理过程的全面性，是指经营性国有资产的管理应当贯穿生产经营活动的各个环节，即包括资产投入、存量经营、价值补偿、收益分配和增量再投入等全方位的管理；产权管理的全面性，是指经营性国有资产的管理包括所有权、占有权、使用权、收益权和处分权等财产权的全面管理。

4. 管理方式的多层次性

国有资产的国家性决定了国有资产的所有权行使不能像一般的企业那样只要由股东大会和董事会代表行使即可，而要由多层次的组织机构来行使管理。基本的管理层次包括国家立法机关即人大的有关机构，它代表全社会行使国有资产所有权管理职能及对政府机构进行授权委托管理；政府执法机关即国务院的有关机构在法律的授权委托下，代表全社会行使具体的国有资产所有权管理职能；企业管理层即政府授权的国有资产管理机构及其委派到企业董事会的国有资产所有权代表，代表国家股东参与企业管理。

5. 管理的民主性

国家是代表全民意志和利益的唯一主体，能够在经营性国有资产的管理中表达全民的意愿并实现全民的整体利益；全社会劳动者在各个层次、各企业事业组织中，直接参与监督国有资产的经营，这就是国有资产管理的民主性体现。

总之，国有资产管理总的出发点是维护和增进国家利益。国家对社会生产各个领域的投入和经营活动进行管理，其基本的出发点就是维护和增进国家利益。这在任何一个国家都是一致的，我国也不例外。尤其是在以公有制为基础、实行有中国特色的社会主义市场经济体制的前提下，更应搞好国有资产管理，使国有资产充分地发挥它的价值，增进国家财富积累，减轻人们税收负担，从而真正体现社会主义公有制的优越性。

三、国有资产管理体制的框架

国有资产管理体制是国家就国有资产管理机构设置、管理权限划分和管理方式等各方面内容所作出的统一安排。其不但是国民经济管理体制的有机组成部分，而且是国民经济管理过程中产权关系的具体表现形式，还是社会主义公有制的具体实现形式。我国的国有资产管理体制从新中国成立至现阶段，经历了一个不断调整的发展过程。在经济体制高度集中的计划经济时代，我国实行的是严格的、高度集中的国有资产管理体制，在这种管理体制下，政企不分，管理手段行政化，主管部门多头化、各管理部门权限划分混乱、责权利相脱节，国有资产的所有者代表机构不明确，致使产权形同虚设，这也导致了在改革开放过程中有大量的国有资产流失。

我国新的国有资产管理体制的框架基本形成，可概括为"国家统一所有、政府分级管理、授权经营、分工监督"。

（一）国家统一所有

国家统一所有是指国务院代表国家统一行使对国有资产的所有权，作为国有资产管理的最高决策者，行使国有资产管理的立法权、资产划拨权、收益调度权和监督权。

（二）政府分级管理

政府分级管理是指在国务院的统一领导下，对国有资产实行地方分级管理的地方政府国有资产监督管理机构，对其管辖区内所属企业的国有资产依法行使出资人权。

（三）授权经营

授权经营是指代表国家行使国有资产所有权的国有资产监督管理机构，将国有资产经营权授权给经营性的经济组织从事国有资产的运营活动，这些经营性经济组织是联结资产所有者和资产使用者的中介性的资产营运机构。当前，我国要在授权经营的前提下，搞好自主经营。国有资产的被授权者即国有资产的具体使用者应该享有自主决策、自主经营权，以及在政策许可下，可以自担风险、自享收益。只有这样，我国才能够真正实现政企分开、产权明晰，从而使企业真正有动力去实现国有资产的保值和增值。

（四）分工监督

分工监督是指国务院国有资产监督管理委员会和省、市（地）两级政府国有资产监督管理委员会，对指定区域或所属企业的国有资产的经营管理实施监督。其中，国务院国有资产监督管理委员会代表国家履行出资人职责，它可以依法对中央企业的国有资产进行监督，指导推进国有企业改革和重组；根据需要向所管辖的中央国有企业派遣监事会成员，负责监督企业的经营活动；对中央企业负责人进行任免、考核和奖惩等。地方两级政府国有资产监督管理委员会分别依法在自己的管辖范围内履行上述职责。

第四节　税收管理体制

税收管理体制是指在中央与地方，以及地方各级政府之间在税收管理权限划分、税收收入分配和税收管理机构设置方面的一种制度，涉及中央和地方以及地方各级政府之间的权限和利益关系。税收管理体制的确定，对于正确贯彻税收政策法律，充分发挥税收的各项职能作用、调动中央和地方的积极性、提高税收管理效率等，具有重要的意义。

税收管理体制的内容主要体现在三大制度安排上，即税收收入划分、税收管理权限划分以及税收管理机构设置。

一、税收收入划分

税收收入是国家履行其职能，满足社会公共需要的主要财力来源和财力保证。由于国家是由中央和地方各级政府组成，每级政府均有各自不同的职责及支出需要，因此，国家税收必须按一定的标准和方法在中央和地方各级政府之间进行划分。

对中央和地方各级政府之间的税收收入划分，大致可采取税收承包、税收分成和划分税种三种主要形式。

（一）税收承包

税收承包是指在处理中央政府和地方政府之间，以及地方各级政府之间税收分配关系时，采取由下级政府向上级政府承包上缴一定税额的一种税收收入划分形式。税收承包的优点是利益关系明确、激励效应强烈、有利于地方增收节支、统筹安排。但也存在包干基数难以确定、助长地方保护主义、中央收入无法保证、损害税法严肃性、不利于发挥税收调节经济的杠杆作用等缺点。

（二）税收分成

税收分成是指在处理中央政府和地方政府之间，以及地方各级政府之间税收分配关系时，采取比例分享的一种税收收入划分形式。新中国成立后，我国在处理政府间税收分配关系时，曾长期实行税收分成方式。税收分成方式使中央政府和地方政府共享税收成果，虽然有利于调动中央和地方两者的税收征收管理的积极性，但仍然存在分成基数和分成比例难以确定的缺点。

（三）划分税种

划分税种又被称为分税制，是指在处理中央政府和地方政府之间，以及地方各级政府之间税收分配关系时，采取按税种划分收入的一种税收收入划分形式。相对其他税收收入划分形式，分税制具有明显的优点。一是分税制按税种划分中央和地方各级政府收入，各级政府都有独立的税种作为收入来源，使各级财政收入稳定、可靠。二是分税制稳定了中央和地方各级政府的收入分配关系，有利于规范税收分配体制、合理规范政府行为。三是分税制把具有稳定经济作用，其可以将调控能力较强的税种划归中央，有利于中央政府运用税收分配实行宏观调控。四是分税制给予地方政府相对独立的财力，既有利于地方建设事业的发展，又可加强地方政府对财政支出的约束。但分税制也存在着地区之间发展不平衡而引起的税源差异处理问题。

二、税收管理权限划分

税收管理权限包括税收立法权和税收管理权两个方面。

（一）税收立法权

税收立法权是指国家最高权力机关依据法定程序赋予税收法律效力时所具有的权力。税收立法权包括税法制定权、审议权、表决权和公布权。

（二）税收管理权

税收管理权是指贯彻执行税法所拥有的权限，它实质上是一种行政权力，属于政府及其职能部门的职权范围。税收管理权包括税种的开征与停征权，税法的解释权，税目的增减与税率的调整权，减免税的审批权。

三、税收管理机构设置

税收管理机构的组织形式同税收收入划分方式和税收管理权限密切联系。

（一）承包制和分成制下的税收管理机构的组织形式

在实行税收承包和税额分成的税收管理体制下，由于是单一税收体系，相应的也设立单一的征税机构体系，不分中央和地方，设置统一的税收征管机构。

（二）分税制下的税收管理机构的组织形式

在实行按税种划分收入的分税制的税收管理体制下，由于实行中央税和地方税两套税收体系，相应的需要设立国税局和地方税局两套征税机构体系，分别履行中央税和地方税的征管工作，国税局和地方税局采取不同的组织形式。

第五节　税务征收管理

一、税收征收管理制度概述

税收征收管理简称税收征管，是税务机关依法对税款征收过程进行监督管理活动的总称。税收征收管理制度则是征纳双方必须共同遵守的法律规范，是保证征纳双方义务权利履行与实现的措施和办法。

在我国税收征收管理的法律体系中，《税收征管法》是税收征收管理的基本法律，凡依法由税务机关征收的各种税收的征收管理均适用本法。由海关征收的关税及代征的增值税、消费税，适用其他法律、法规的规定。我国同外国缔结的有关税收的条约、协定同《税收征管法》有不同规定的，依照条约、协定的规定办理。新修订的《税收征管法》施行前颁布的税收法律与其有不同规定的，适用新《税收征管法》的规定。

二、税务登记制度

税务登记也被称为纳税登记，是整个征收管理的首要环节，是税务机关对纳税人的开业、变更、歇业以及生产经营范围实行法定登记的一项管理制度，其内容包括开业登记、变更登记、停复业处理、注销登记、税务登记证验审和更换、非正常户处理等。通过税务登记，可以使税收法律关系即征纳双方的权利与义务关系得到确认，有利于税务机关掌握税源，有利于增强纳税人依法纳税的观念，促进应纳税款及时足额地缴入国库。

（一）开业税务登记

开业登记是指从事生产经营或其他业务的单位或个人，在获得工商行政管理机关核准或其他主管机关获准后的一定期间内，向税务机关办理注册登记的活动。从事生产、经营的单位和个人办理开业税务登记的先决条件是取得工商行政管理机关核发的营业执照；非从事生产、经营的单位和个人依法须纳税的，要取得有关部门的批准文件；无须行政管理机关或有关部门批准的，可直接向主管税务机关申报办理税务登记。

1.开业税务登记的对象

开业税务登记的对象包括企业；企业在外地设立的分支机构和从事生产经营的场所；个体工商户；从事生产、经营的事业单位；非从事生产经营但依照法律、行政法规的规定负有纳税义务的单位和个人，均需办理税务登记。

2.开业税务登记的时限要求

从事生产经营的纳税人，应当自领取营业执照之日起 30 日内，持有关证件，向生产、经营地或者纳税义务发生地的主管税务机关申报办理税务登记。由税务机关审核后发给税务登记证件。非从事生产、经营的纳税人，除临时取得应税收入或发生应税行为以及只缴纳个人所得税、车船使用税外，都应当自有关部门批准之日起 30 日内或依照法律、行政法规的规定自发生纳税义务之日起 30 日内，向税务机关申报办理税务登记，税务机关审核后发给税务登记证件。

对纳税人填报的税务登记表、提供的证件和资料，税务机关应当自收到之日起 30 日内审核完毕，符合规定的予以登记，并发给税务登记证件；对不符合规定的不予登记，也应给予答复。

从事生产、经营的纳税人应当按照国家有关规定，持税务登记证件，在银行或者其他金融机构开立基本存款账户和其他存款账户，自开立账户之日起 15 日内向主管税务机关书面报告其全部账号；发生变化的应自变化之日起 15 日内向主管税务机关书面报告。

3.开业税务登记的内容

开业税务登记的内容主要包括纳税人名称与地址；登记注册类型及所属主管单位；核算方式；行业、经营范围、经营方式；注册资金（资本）、投资总额、开户银行及账号；经营期限；从业人数；营业执照号码；财务负责人、办税人员等其他有关事项。

（二）变更税务登记

变更税务登记是指纳税人税务登记内容发生重要变化向税务机关申报办理的税务登记手续。

1.变更税务登记的适用范围

纳税人办理税务登记后，如发生下列情形之一的，应当办理税务变更登记：改变纳税人名称、法定代表人；改变住所、经营地点；改变经济性质或企业类型；改变经营范围或经营方式；改变隶属关系；改变或增减银行账号；增减注册资金（资本）；改变生产经营期限以及改变其他税务登记内容。

2. 变更税务登记的时限要求

纳税人税务登记内容发生变化，按规定需要在工商行政管理机关或者其他机关办理变更登记的，应当自工商行政管理机关或者其他机关办理变更登记之日起 30 日内，持有关证件向原税务登记机关申报办理变更税务登记。

纳税人税务登记内容发生变化，按规定不需要在工商行政管理机关或者其他机关办理变更登记的，应当自发生变更之日起 30 日内，持有关证件向原税务登记机关申报办理变更税务登记。

（三）注销税务登记

注销税务登记是指纳税人税务登记内容发生了根本性变化，需终止履行纳税义务时向税务机关申报办理的税务登记手续。

1. 注销税务登记的适用范围

注销税务登记的适用范围主要包括纳税人因经营期限届满而自动解散；企业由于改组、分级、合并等原因而被撤销；企业资不抵债而破产；纳税人被工商行政管理机关吊销营业执照；纳税人因住所、经营地点或产权关系变更而涉及改变主管税务机关；纳税人依法终止履行纳税义务的其他情况。

2. 注销税务登记的时限要求

纳税人发生解散、破产、撤销以及其他情形，应当在向工商行政管理机关办理注销登记前，持有关证件向主管税务机关申报办理注销税务登记。纳税人按规定不需要在工商行政管理机关办理注销登记的，应当自有关机关批准或者宣告终止之日起 15 日内，持有关证件向主管税务机关申报办理注销税务登记。纳税人被工商行政管理机关吊销营业执照的，应当自营业执照被吊销之日起 15 日内，向主管税务机关申报办理注销税务登记。纳税人因住所、生产、经营场所变动而涉及改变主管税务登记机关的，应当在向工商行政管理机关申请办理变更或注销登记前，或者住所、生产、经营场所变动前，向原税务登记机关申报办理注销税务登记，并在 30 日内向迁达地主管税务登记机关申报办理税务登记。

纳税人在办理注销登记前，应当向税务机关结清应纳税款、滞纳金、罚款、缴销发票、税务登记证件和其他税务证件。

三、账簿、凭证管理制度

纳税义务的成立是基于生产、经营、服务等经济活动，而履行纳税义务的计算依据准确与否，则取决于记载和反映生产、经营、服务等经济活动成果的账簿、凭证是否完整、准确。账簿、凭证是记录和反映纳税人经营活动的基本材料，也是税务机关对纳税人、扣缴义务人计征税款以及确认其是否正确履行纳税义务的重要凭据。对账簿、凭证管理实际上就是对企业的经营行为进行全面、系统的管理。

（一）对账簿、凭证设置的管理

1. 设置账簿的范围

所有的纳税人和扣缴义务人都必须按照有关法律、行政法规和国务院财政、税务主管部门的规定设置账簿。所称账簿是指总账、明细账、日记账以及其他辅助性账簿。总账、日记账应当采用订本式。

从事生产、经营的纳税人自领取工商执照之日起 15 日内设置账簿。扣缴义务人应当自税收法律、行政法规规定的扣缴义务发生之日起 10 日内，按照所代扣、代收的税种，分别设置代扣代缴、代收代缴税款账簿。

生产经营规模小又确无建账能力的纳税人，可以聘请经批准从事会计代理记账业务的专业机构或者经税务机关认可的财会人员代为建账和办理账务，聘请上述机构或者人员有实际困难的，经县以上税务机关批准，可以按照税务机关的规定，建立收支凭证粘贴簿、进货销货登记簿或者使用税控装置。

2. 对会计核算的要求

所有纳税人、扣缴义务人都必须根据合法、有效的凭证进行账务处理。

纳税人、扣缴义务人会计制度健全，能够通过计算机正确、完整计算其收入和所得或者代扣代缴、代收代缴税款情况的，其计算机输出的完整的书面会计记录，可视同会计账簿。纳税人、扣缴义务人会计制度不健全，不能通过计算机正确、完整计算其收入和所得或者代扣代缴、代收代缴税款情况的，应当建立总账及与纳税或者代扣代缴、代收代缴税款有关的其他账簿。

（二）对财务会计制度的管理

凡从事生产、经营的纳税人应当自领取税务登记证件之日起 15 日内，将其财务、会计制度或者财务、会计处理办法和会计核算软件报送税务机关备案。纳税人使用计算机记账的，应当在使用前将会计电算化系统的会计核算软件、使用说明书及有关资料报送主管税务机关备案。纳税人建立的会计电算化系统应当符合国家有关规定，并能正确、完整核算其收入或者所得。

当从事生产、经营的纳税人、扣缴义务人的财务、会计制度或者财务、会计处理办法与国务院和财政部、国家税务总局有关税收方面的规定相抵触时，应依照国务院制定的税收法规或者财政部、国家税务总局制定的有关税收的规定计算缴纳税款、代扣代缴和代收代缴税款。

（三）账簿、凭证的保管

从事生产、经营的纳税人、扣缴义务人必须按照国务院财政、税务主管部门规定的保管期限保管账簿、记账凭证、完税凭证及其他有关资料。除法律、行政法规另有规定外，账簿、会计凭证、报表、完税凭证、发票、出口凭证以及其他有关涉税资料应当保存 10 年。账簿、记账凭证、报表、完税凭证、发票、出口凭证以及其他有关涉税资料应当合法、真实、完整，不得伪造、变造或者擅自损毁。

四、纳税申报制度

纳税申报是指纳税人按照税法规定的期限和内容，就计算缴纳税款的有关事项向税务机关定期提交书面报告的行为。纳税申报是纳税人履行纳税义务、界定纳税人法律责任的主要依据，也是税务机关办理征收业务、核定应征税款、填开税票的主要依据，是税收征收管理的一项重要制度。

（一）纳税申报的对象

纳税申报的对象为纳税人和扣缴义务人。纳税人在纳税期内没有应纳税款的，也应当按照规定办理纳税申报。纳税人享受减税、免税待遇的，在减税、免税期间也应当按照规定办理纳税申报。

（二）纳税申报的内容

纳税申报的内容，主要是在各税种的纳税申报表和代扣代缴、代收代缴税款报告表中体现，还有的是随纳税申报表附报的财务报表和有关纳税资料中体现。纳税申报主要内容包括税种、税目，应纳税项目或者应代扣代缴、代收代缴税款项目，计税依据，扣除项目及标准，适用税率或者单位税额，应退税项目及税额，应减免项目及税额，应纳税额或者应代扣代缴、代收代缴税额，税款所属期限，延期缴纳税款、欠税、滞纳金等。

（三）纳税申报的期限

纳税人、扣缴义务人必须按照规定的期限办理纳税申报或者报送代扣代缴、代收代缴税款报告表。确有困难需要延期的，应当在规定的期限内向税务机关提出书面延期申请，经税务机关核准，在核准的期限内办理。

纳税申报期限在两种情况下可以延期。一种是法定延期，即纳税申报期限的最后一天是星期天或者其他法定休假日，或者星期天、其他法定休假日有变通的，可以顺延到实际休假日的次日；另一种是核准延期，即纳税人、扣缴义务人不能按期办理纳税申报或者报送代扣代缴、代收代缴税款报告表的，经税务机关核准，可以延期申报。其中又可分以下两种情形。一是因自然灾害等不可抗力的原因，不能按期办理纳税申报或扣缴税款报告的，经税务机关核准，可延期到障碍消除后 10 日内办理申报。二是纳税申报期限或扣缴税款报告期限届满，但因账务未处理完毕等原因办理纳税申报有困难的，应当在原定的申报期限内按税务机关核定的税额申报，并在税务机关规定的期限内办理结算。

（四）纳税申报的要求

纳税人办理纳税申报时，应当如实填写纳税申报表，并根据不同的情况相应报送其他纳税资料。具体包括①财务会计报表及其说明材料；②与纳税有关的合同、协议书及凭证；③税控装置的电子报税资料；④外出经营活动税收管理证明和异地完税凭证；⑤境内或者境外公证机构出具的有关证明文件；⑥税务机关规定应当报送的其他有关证件、资料。

扣缴义务人必须依照法律、行政法规规定或者税务机关依照法律、行政法规的规定确定的申报期限、申报内容如实报送代扣代缴、代收代缴税款报告表以及税务机关根据实际需要要求扣缴义务人报送的其他有关证件、资料。

（五）纳税申报的方式

经税务机关批准，纳税人、扣缴义务人可以直接到税务机关办理纳税申报或者报送代扣代缴、代收代缴税款报告表，也可以按照规定采取邮寄、数据电文或者其他方式办理上述申报、报送事项。

1. 自行申报

自行申报是指纳税人、扣缴义务人按照规定的期限自行到主管税务机关办理纳税申报手续。

2. 邮寄申报

邮寄申报是指经税务机关批准，纳税人、扣缴义务人可以采取邮寄申报的方式，将纳税申报表及有关的纳税资料通过邮局寄送主管税务机关。

3. 数据电文

数据电文是指经税务机关确定的电话语音、电子数据交换和网络传输等电子方式。纳税人采取电子方式办理纳税申报的，应当按照税务机关规定的期限和要求保存有关资料，并定期书面报送主管税务机关。

4. 代理申报

纳税人、扣缴义务人可以委托税务代理人办理纳税申报。

第六节 税收税务代理

一、税务代理概述

税务代理是指被有关部门认定资格，并为社会所承认的代理机构、代理人员接受纳税人或税务机关委托，为委托人代为办理纳税申报、结算清缴、纳税检查、税务咨询等涉税事务的一项专门活动。

税务代理作为委托办理税务事宜的一项专门活动，是应纳税人、扣缴义务人的需要而自发产生的。依照代理权产生的根据不同将代理分为委托代理、法定代理和指定代理。税务代理是代理业的一个组成部分，具有代理的一般共性，是一种专项代理，属于民事代理中委托代理的一种。税务代理的基本特征为以下内容。

（一）主体资格的特定性

在税务代理法律关系中，代理行为发生的主体资格是特定的，作为代理人一方必须是经批准具有税务代理执业资格的税务代理人和税务师事务所。不符合上述条件的单位和个人均不能从事税务代理业务。作为被代理人一方必须是负有纳税义务或扣缴税款义务的纳税人或扣缴义务人。

（二）法律约束性

税务代理不是一般含义上的事务委托或劳务提供，而是负有法律责任的契约行为。税务代理人与被代理人之间的关系是通过代理协议而建立起来的，在从事税务代理活动的过程中，代理人必须站在客观、公正的立场上行使代理权限，且其行为受税法及有关法律的约束。

（三）内容确定性

税务代理的业务范围由国家以法律、行政法规和行政规章的形式确定，税务代理人不得超越规定的内容从事代理活动。除税务机关按照法律、行政法规规定委托其代理外，注册税务师不得代理应由税务机关行使的行政职权。

（四）税收法律责任的不转嫁性

税务代理是一项民事活动，税务代理关系的建立并不改变纳税人、扣缴义务人对其本身所固有的税收法律责任的承担。在代理活动中产生的税收法律责任，无论出自纳税人、扣缴义务人的原因，还是由于代理人的原因，其承担者均应为纳税人或扣缴义务人。不能因建立了代理关系而转移征纳关系，即转移纳税人、扣缴义务人的法律责任。

（五）有偿服务性

税务代理是我国社会主义市场经济服务体系的一个重要组成部分。税务代理业是智能型的科技与劳动相结合的中介服务行业。它以服务为宗旨，以社会效益为目的，在获取一定报酬的前提下，既服务于纳税人、扣缴义务人，又间接地服务于税务机关。

二、税务代理的原则

税务代理是社会中介服务，作为税收征收机关与纳税人的中介，与征纳双方没有任何利益冲突。税务代理人应站在客观、公正的立场上，以税法为准绳，以服务为宗旨，既为维护纳税人合法权益服务，又为维护国家税法的尊严服务。因此，税务代理人在从事税务代理活动中，必须遵循以下原则。

（一）自愿委托原则

税务代理属于委托代理的范畴，必须依照民法有关代理活动的基本原则，坚持自愿委托。代理关系的建立要符合代理双方的共同意愿。代理双方依法确立的代理关系不是依据任何行政隶属的关系，而是依据合同的契约关系。

（二）依法代理原则

依法代理是税务代理的一项重要原则。首先，从事税务代理的机构必须是依法成立的机构，从事税务代理的专门人员必须是经全国统一考试合格，并在注册税务师管理机构注册登记的具有税务代理执业资格的注册税务师。其次，注册税务师承办的一切代理业务，都要以法律、法规为指针，其所有活动都必须在法律、法规规定的范围内进行。注册税务师制作涉税文书，计算被代理人应纳或应扣缴的税款，都应符合国家税收实体法律、法规的规定。注册税务师所有执业行为还须按照有关税收征管和税务代理的程序性法律、法规的要求进行。

（三）独立、公正原则

税务代理的独立性是指代理人在其代理权限内，独立行使代理权，不受其他机关、社会团体和个人的非法干预。税务代理作为一项中介服务，涉及代理人、被代理人以及国家的利益关系。税务代理人在实施税务代理的过程中，必须站在公正的立场上，在维护税法尊严的前提下，公正、客观地为纳税人、扣缴义务人代办税务事宜，绝不能因收取委托人的报酬而偏袒或迁就纳税人或扣缴义务人。

（四）维护国家利益和保护委托人合法权益的原则

税务代理人在税务代理活动中应向纳税人、扣缴义务人宣传有关税收政策，按照国家税法规定督促纳税人、扣缴义务人依法履行纳税及扣税义务，以促进纳税人、扣缴义务人知法、懂法、守法，从而提高依法纳税、扣税的自觉性。同时，通过税务代理，不仅可以使企业利用中介服务形式及时掌握各项政策，维护其自身的合法权益，正确履行纳税义务，避免因不知法而导致不必要的处罚，而且还可通过注册税务师在合法合理基础上的税收筹划，节省不必要的税收支出，减少损失。

三、税务代理人

税务代理人是指具有一定财政、税收、会计专业理论和知识以及税收实务工作经验，经省以上税务机关批准，从事代理的专门人员。为了提高税务代理人员的执业素质，我国对从事税务代理业务的专业技术人员实行职业资格考试制度。

（一）税务师职业资格考试制度

税务师应是精通税法和财务会计制度，并能熟练进行业务操作的专业技术人员，必须具备从事税务代理工作的专业素质和工作技能。实行税务师职业资格考试制度是保证执业准入控制的基本前提。凡是中华人民共和国公民，遵守国家法律、法规，恪守职业道德，具有完全民事行为能力，并符合下列相应条件之一的，可以报名参加税务师职业资格考试。

第一，取得经济学、法学、管理学学科门类大学专科学历，从事经济、法律相关工作满两年；或者取得其他学科门类大学专科学历，从事经济、法律相关工作满三年。

第二，取得经济学、法学、管理学学科门类大学本科及以上学历（学位）；或者取得其他学科门类大学本科学历，从事经济、法律相关工作满一年。

在本年度考试前可取得经济学、法学、管理学学科门类大学本科学历（学位）的应届生可以报名考试。以前年度考试中因违规违纪而受到禁考处理期限未满者，不得报名参加考试。

（二）税务师职业能力要求

取得税务师职业资格证书的人员，应当遵守国家法律、法规、规章及税务师行业相关制度、准则，恪守职业道德，秉承独立、客观、公正原则，维护国家利益和委托人的合法权益。同时，应当具备下列职业能力。

第一，熟悉并掌握涉税服务相关的法律、法规和行业制度、准则。

第二，有丰富的税务专业知识，独立开展包括涉税鉴证、申报代理、税收筹划、接受委托审查纳税情况在内的各项涉税专业服务工作。

第三，运用财会、税收专业理论与方法，较好完成涉税服务业务。

第四，独立解决涉税服务业务中的疑难问题。

取得税务师职业资格证书的人员，应当按照国家专业技术人员继续教育以及税务师行业管理的有关规定，参加继续教育，不断更新专业知识、提高职业素质和业务能力。

（三）税务代理的工作机构

税务师事务所是专职从事税务代理的工作机构，它可以是由税务师合伙设立的组织，或者是由一定数量的注册税务师发起成立的负有限责任的税务师事务所。税务师事务所是实行独立核算、自负盈亏的经济实体，其收入要依法纳税。

除税务师事务所外，注册会计师事务所、律师事务所和经批准成立的税务代理事务所也可以从事税务代理工作。

参考文献

[1] 陈昌龙.财政与税收[M].北京：北京交通大学出版社，2019.

[2] 李珂.财政税收政策与居民消费水平、居民消费结构[M].徐州：中国矿业大学出版社，2019.

[3] 蒙丽珍，古炳玮.财政学[M].沈阳：东北财经大学出版社，2016.

[4] 姚林香.博学·财政学系列税收筹划教程第3版[M].上海：复旦大学出版社，2019.

[5] 韩小红，施阳.财政与金融[M].北京：北京理工大学出版社，2019.

[6] 张素勤.财政学[M].上海：立信会计出版社，2016.

[7] 安体富.公共财政学第4版[M].北京：首都经济贸易大学出版社，2016.

[8] 曲文强，刘兴民.财政与金融[M].杭州：浙江工商大学出版社，2016.

[9] 杨斌，雷根强，王艺明.2019新时代中国特色社会主义税收理论探索[M].厦门：厦门大学出版社，2019.

[10] 刘慧平，安慰.大企业税收管理政策法规应用指南[M].上海：立信会计出版社，2019.

[11] 蔡秀云，李红霞.财政与税收[M].北京：首都经济贸易大学出版社，2018.

[12] 宋丽颖，常向东.普通高等教育"十三五"财政与税收专业规划教材政府采购第2版[M].西安：西安交通大学出版社，2018.

[13] 王俊霞，胡克刚.普通高等教育"十三五"财政与税收专业规划教材预算会计第3版[M].西安：西安交通大学出版社，2018.

[14] 胡怡建.税收学[M].上海：上海财经大学出版社，2018.

[15] 董再平，王红晓.国际税收第2版[M].沈阳：东北财经大学出版社，2018.

[16] 赖溟溟.财政与金融[M].沈阳：东北财经大学出版社，2018.

[17] 相悦丽，赵红梅，王姗姗.财政与金融[M].北京：冶金工业出版社，2018.

[18] 李莎.公共财政基础[M].北京：北京理工大学出版社，2016.

[19] 贾康，王桂娟.中国财政研究丛书财政制度国际比较[M].上海：立信会计出版社，2016.

[20] 郭勇平，杨扬，王文清.全新税收实务操作及经典案例解析[M].上海：立信会计出版社，2018.

[21] 李品芳 . 公共财政与税收教程 [M]. 上海：上海财经大学出版社，2017.

[22] 邓晴，张亮，刘彩霞 . 税收基础 [M]. 沈阳：东北财经大学出版社，2017.

[23] 郭智 . 我国财政税收政策及其当代发展 [M]. 北京：中国商务出版社，2016.

[24] 刘克 . 财政学 [M]. 北京：中国铁道出版社，2017.

[25] 崔奇，李康 . 财政与金融 [M]. 上海：上海财经大学出版社，2019.

[26] 王晓光 . 财政与税收 [M]. 北京：北京理工大学出版社，2016.

[27] 刘守刚 . 公共经济与管理·财政学系列中国财政史十六讲基于财政政治学的历史重撰 [M]. 上海：复旦大学出版社，2017.

[28] 徐秀杰 . 税收实务 [M]. 北京：首都师范大学出版社，2017.

[29] 刘辉群 . 中国融资租赁业税收政策研究 [M]. 厦门：厦门大学出版社，2017.

[30] 孙文基 . 财政学教程第 3 版 [M]. 苏州大学出版社，2017.